JN141306

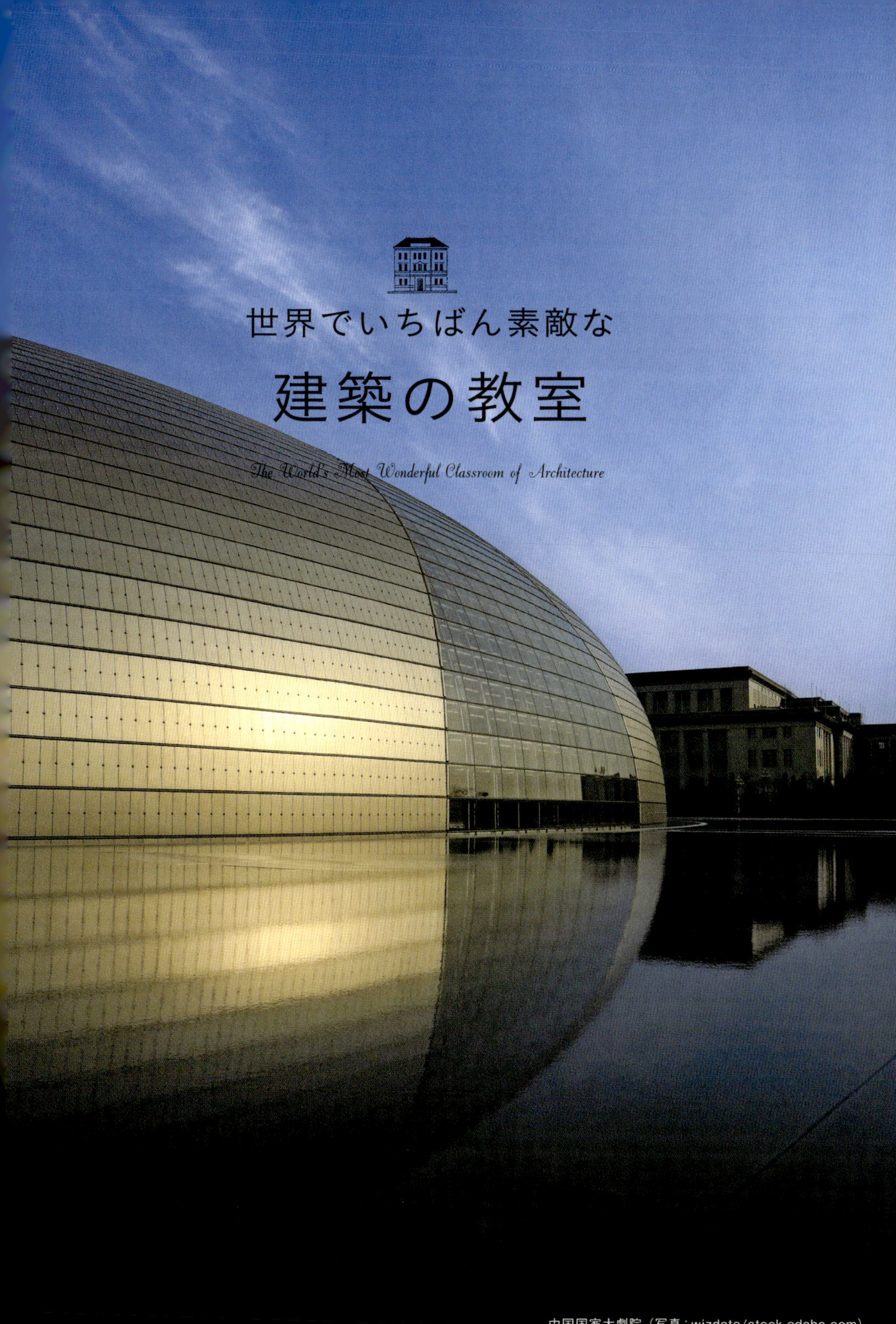

世界でいちばん素敵な
建築の教室

The World's Most Wonderful Classroom of Architecture

中国国家大劇院（写真：wizdata/stock.adobe.com）

はじめに

恐竜のような骨組みで包まれたガラスの大空間。
このダイナミックな建築は、スペインの科学博物館です。

わたしたちの暮らしは魅力的な建築に囲まれています。
旅行をすれば、文化財となっている古い建築を訪れ、
また、話題の新スポットで現代建築を体験することでしょう。

こうした建築をどのように見ていくとよいのでしょうか。

近代建築と現代建築の違いは?
ル・コルビュジエってどんな建築家?
超高層ビルはどうやって設計するの?

バレンシア芸術科学都市（写真：boule/PIXTA）

この本では、古今東西の名建築の見方やポイントを
たくさんの写真でコンパクトに解説していきます。

建築は「総合芸術」といわれることがあります。
巧みなデザインを実現するには、高い技術力や経済力はもちろんのこと、
その土地の風土や文化との調和が求められるからです。

魅力的な建築を、楽しく鑑賞できる眼――。
それを養う第一歩を、この本で踏み出してみましょう。

Contents
目次

メディエンハーフェン（写真：Blickfang/stock.adobe.com）

Q
名建築ってなにから見たらよいの？

メトロポリタン・カテドラル（ブラジリア大聖堂）

写真：アフロ

A
世界遺産に 指定されている 近代建築から 鑑賞してみましょう。

ブラジルの建築家ニーマイヤーが新首都ブラジリアの都市計画のなかで手掛けた国家的施設のひとつ。円状に配置された16本の湾曲した柱が上部で連結する独創的な構造で、都市のシンボルともなっています。ブラジリアは1987年、「人類の創造的才能を表現する傑作」として、また、「人類の歴史上重要な時代を例証する建築様式、建築物群、技術の集積、または景観の優れた例」として都市自体が世界遺産に登録されました。
（建築家：オスカー・ニーマイヤー／所在地：ブラジリア／ブラジル）

世界遺産に登録された建築は、古いものばかりではありません。

世界遺産というと、古代遺跡や城、神社仏閣などの古い建物を思い浮かべるかもしれません。
しかし、モダニズム建築(近代建築)の巨匠であるル・コルビュジエが設計した建物や、
1973年に建てられたシドニー(オーストラリア)のオペラハウス、
1960年代にブラジル内陸部の高原に計画・建設された新首都ブラジリアなど、
20世紀に生まれた建物であっても、建築史上に果たした役割の大きさから、
世界遺産に指定されている建築物はたくさんあります。

Q1 そもそも建築ってなに?

A 空間をつくり出す技術、そして芸術です。

建築は、人間が活動するための空間を内部に持った構造物です。屋根、床、壁などによって空間を外部と区別し、領域をつくり出すことが建築の基本といえるでしょう。19世紀の建築家ゼンバーは、建築を構成する諸要素について、「炉」を中心に、「屋根」と「床」、「壁」の役割を担う織物などの「皮膜」、の4つと定義しています。

Q2 世界遺産になった個人の家があるって本当?

A 本当です。

建築家の自邸であるオルタ邸(建築家ヴィクトル・オルタの主な都市邸宅群/ベルギー)、ルイス・バラガン邸と仕事場(メキシコ)、タッセル邸(建築家ヴィクトル・オルタの主な都市邸宅群/ベルギー)、ストックレー邸(ベルギー)、サヴォア邸(フランス)、シュレーダー邸(オランダ)、トゥーゲントハット邸(チェコ)などが世界遺産に指定されています。

メキシコの建築家ルイス・バラガン(1902〜1988)の邸宅。抽象的な意匠が随所に採用されています。(メキシコシティ/メキシコ)

③ 世界遺産に指定された近代建築を教えて！

A　代表的な作品を、地図で見てみましょう。

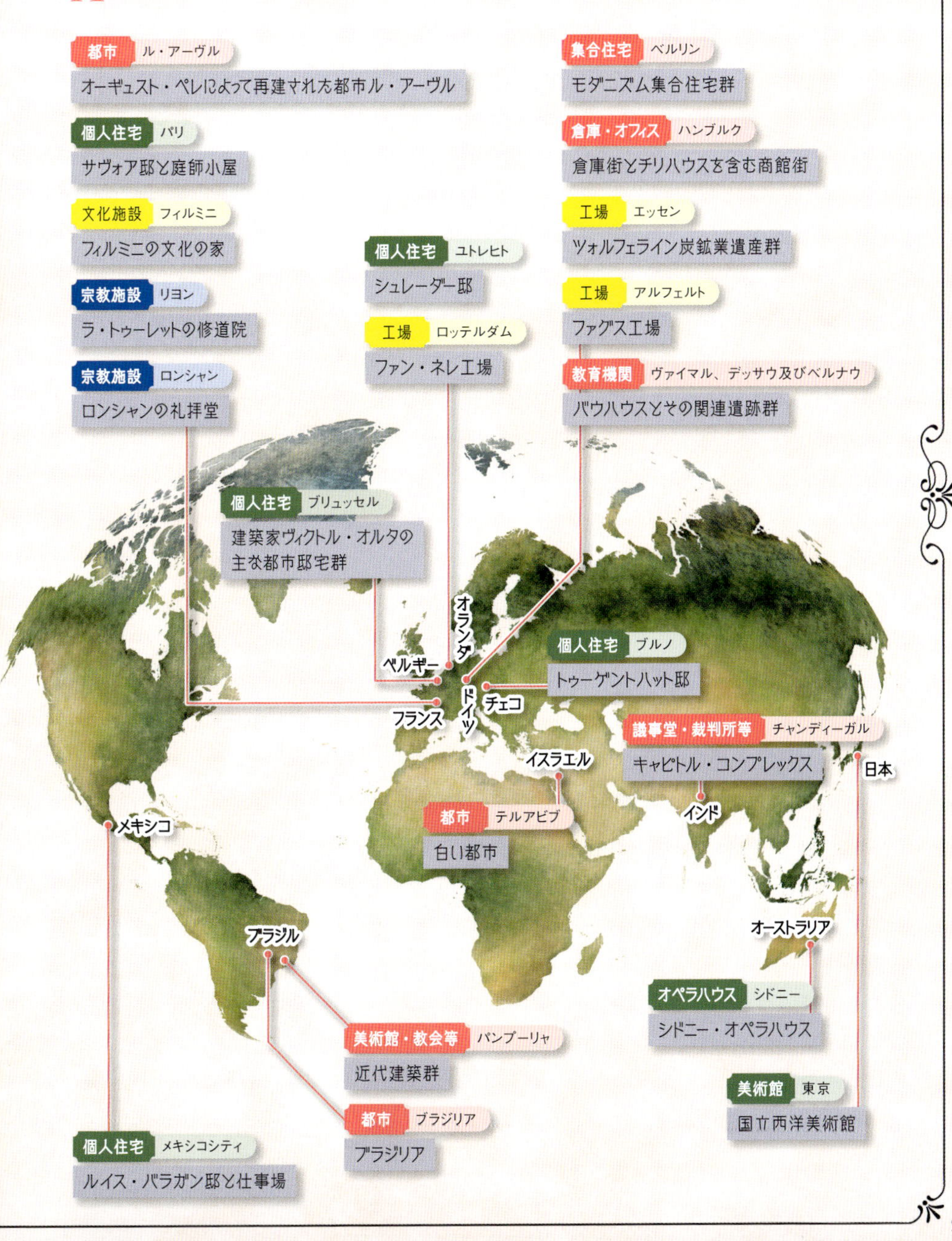

都市　ル・アーヴル
オーギュスト・ペレによって再建された都市ル・アーヴル
個人住宅　パリ
サヴォア邸と庭師小屋
文化施設　フィルミニ
フィルミニの文化の家
宗教施設　リヨン
ラ・トゥーレットの修道院
宗教施設　ロンシャン
ロンシャンの礼拝堂
個人住宅　ユトレヒト
シュレーダー邸
工場　ロッテルダム
ファン・ネレ工場
集合住宅　ベルリン
モダニズム集合住宅群
倉庫・オフィス　ハンブルク
倉庫街とチリハウスを含む商館街
工場　エッセン
ツォルフェライン炭鉱業遺産群
工場　アルフェルト
ファグス工場
教育機関　ヴァイマル、デッサウ及びベルナウ
バウハウスとその関連遺跡群
個人住宅　ブリュッセル
建築家ヴィクトル・オルタの主な都市邸宅群
オランダ
ベルギー
ドイツ
フランス
チェコ
個人住宅　ブルノ
トゥーゲントハット邸
議事堂・裁判所等　チャンディーガル
キャピトル・コンプレックス
イスラエル
インド
日本
都市　テルアビブ
白い都市
メキシコ
ブラジル
オーストラリア
オペラハウス　シドニー
シドニー・オペラハウス
美術館・教会等　パンプーリャ
近代建築群
美術館　東京
国立西洋美術館
都市　ブラジリア
ブラジリア
個人住宅　メキシコシティ
ルイス・バラガン邸と仕事場

Q 人がなにかを建てるようになったのはなぜ？

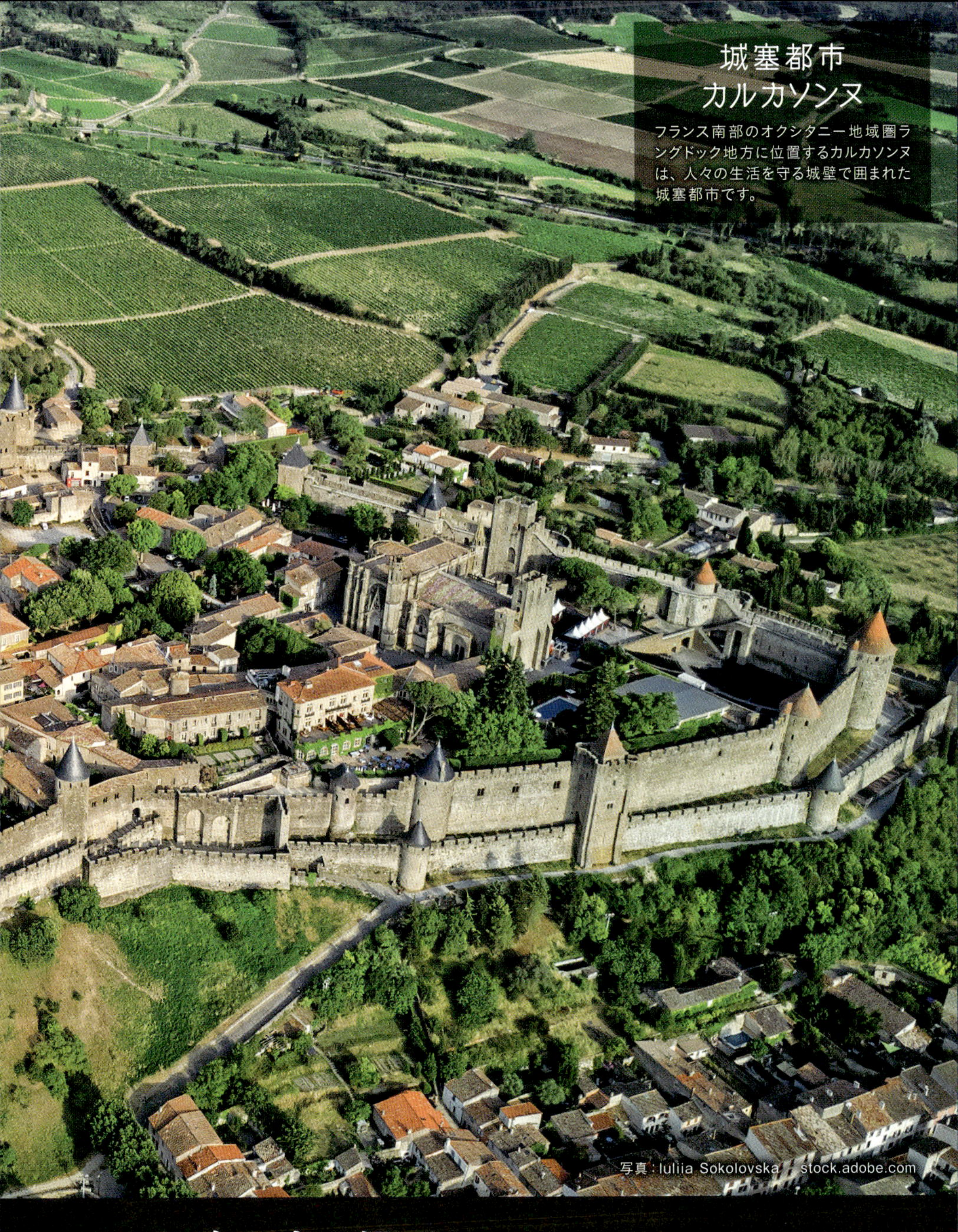

城塞都市
カルカソンヌ

フランス南部のオクシタニー地域圏ラングドック地方に位置するカルカソンヌは、人々の生活を守る城壁で囲まれた城塞都市です。

写真：Iuliia Sokolovska / stock.adobe.com

A 身を守る場所と、信仰の場をつくるためです。

建築は、人間が寒暑や風雨や攻撃から身を守るために家をつくり、また、神を祀り、祖先を葬るために記念物をつくることからその歴史が始まりました。

物質的＆精神的要求を満たすため、建築は生まれました。

文明が発展し、生活に余裕が生まれるにつれ、神や祖先に関する記念物は、より耐久力のあるものをつくるべきだと考えられるようになりました。
また、人間同士が築いた集団や部落内では秩序維持のための階層差が生じ、首長や有力者の家がより頑丈に建てられるようになりました。

Q1 建築にはどんな種類があるの？

A 宮殿や城、住宅のほか、モニュメント、宗教施設などがあります。

住居を建てて生活を始めた人類は、より安全性の高い砦や宮殿、城を建てる一方で、シンボリックな外観を持つ神殿を建て信仰の場としました。さらに集団内のシンボルとなる記念碑的建造物を建て、これらがそれぞれに多様な発展を遂げていったのです。

Q2 西洋建築の源流はなに？

A 古代ギリシアの建築です。

紀元前2000年頃に地中海貿易の中継点として栄えたエーゲ海の島々に発祥した文明は、古代ギリシア世界へと受け継がれ、壮麗な神殿建築や見事な音響を誇る劇場など、多くの公共建築を生み出しました。屋根を支える列柱、ペディメント（屋根とその下部の水平材に囲まれた三角形の部分／破風）、それらを飾る彫刻などの要素は、その後も長きにわたって西洋建築の設計の基本となりました。

名医アスクレピオスゆかりの聖地エピダウロスに残る劇場。古代ギリシア劇場建築の白眉とされ、舞台に落ちたコインの音が最後部の席でも聞こえるほどの音響効果を誇りました。（エピダウロス／ギリシア）

古代の建築家にはどんな人がいたの？

A 古代エジプトのイムホテプや、古代ローマのウィトルウィウスなどが有名です。

イムホテプは第３王朝ジェセル王に仕えた宰相で、王のピラミッドを設計したことで知られます。また、ローマでは多くの建築家が輩出されましたが、とくにウィトルウィウスは、カエサルやアウグストゥスに仕えて最古の建築書『建築十書』を著し、ルネサンス以降の建築にも絶大な影響力を及ぼしました。

イムホテプが築いたと伝わるジェセル王の階段ピラミッド。

最も古い家が建てられたのはいつ頃？

A 約40万年前です。

フランス南部のニースで40万年前の小屋の痕跡が発見されました。木の上や洞窟で暮らしていた人類は、やがて枝を組み合わせるなどして住居をつくることを覚えました。紀元前１万年頃になると、枝の間を湿った泥で塞ぐことを覚え、頑丈な壁を手に入れます。さらに紀元前7000年頃、日干し煉瓦を使った丸い家が初めてオリエント世界に登場。紀元前3700年頃に車輪が発明されると、大きな建材の運搬が可能となり、巨大な建築物が建てられるようになっていきました。

★COLUMN★

世界の七不思議の起源は……？

科学では説明できない怪奇現象や天然自然現象を７つ集めて「七不思議」ともてはやすことがありますが、その起源は、じつは建築にあります。

フィロンという古代ギリシアの著述家が、紀元前225年頃、当時の土木技術を凌駕する驚異的な建造物を７つ選び、「七不思議」と定義したのです。ヘレニズム世界中から選び出された７つの建造物は、エジプトのピラミッド、バビロンの城壁、バビロンの空中庭園、オリンピアのゼウス神像、ハリカルナッソスのマウソロスの霊廟、エフェソスのアルテミス神殿、そしてロードス島のヘリオスの青銅巨像。このうちバビロンの城壁は、のちにアレクサンドリアのファロス島の灯台に入れ替えられて定着していきました。しかし、これらのうち６つはすでに姿を消し、現在見られるのはピラミッドのみとなっています。

16世紀の画家によって描かれたロードスの巨像の想像図。

コロッセオ

69年に即位したローマ皇帝ウェスパシアヌスによって建設されたのが、ローマのシンボルともなっているコロッセオです。その規模は、高さ48.5m、周囲527m。約5万人を収容し、アリーナの地下には昇降機が備えられていました。アリーナでは生死をかけた剣闘士の戦いや、処刑などが見世物として行なわれ、アリーナに水を張り海戦を再現した模擬戦が行なわれたこともありました。

Q ローマ時代に巨大建築が多く建てられたのはなぜ?

写真：Dmitry Vereshchagin ／ stock.adobe.com

A 皇帝の人気を高めるためです。

「パンとサーカス」が、ローマ建築を発展させました。

大帝国となったローマでは、政権安定のために
皇帝や有力政治家が市民に対し無料で、小麦(パン)を配給したり、
闘技や演劇などのイベント(サーカス)を提供するといった政策が行なわれていました。
その舞台となる闘技場や劇場、大衆浴場などが各地に建設され、
建物のデザインは後世の模範となっていきました。
古代ローマ建築はさまざまな形で現代にも息づいているのです。

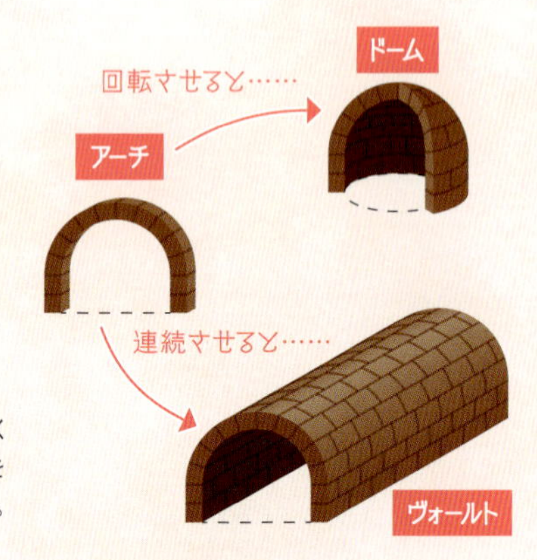

1Q ローマ建築にはどんな特徴があるの?

A コンクリートの壁とヴォールト、そしてドームがあげられます。

ローマ建築では内部にコンクリートを用いた強固な壁がつくられ、アーチ(45ページ)も好んで用いられました。アーチを連続させるとヴォールトとなり、回転させるとドームになります。

2Q ローマ建築の特徴はどうやって生まれたの?

A エトルリアやギリシアの建築から学びました。

建国以来、先住民族のエトルリア人から学んだ技術を発展させて、高度な建築技術を培ってきたローマ人は、上下水道や公衆浴場などを建設。紀元前86年にギリシアを征服すると、従来の技術にギリシアの意匠(デザイン)を取り入れて、コンクリートや半円アーチと組み合わせていきました。

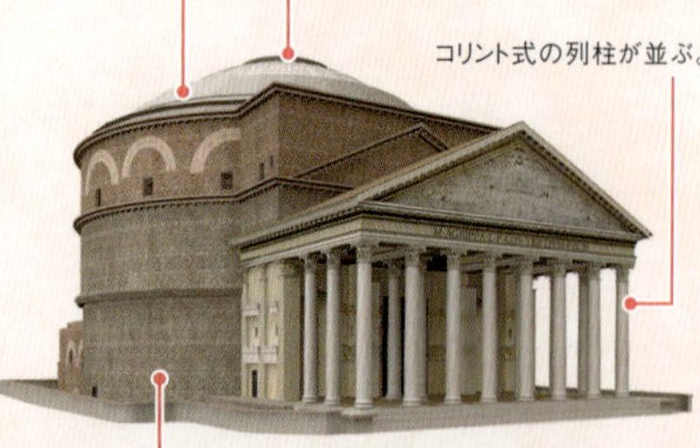

コンクリートの屋根は階段状になっており、上に行くにつれて薄くなっている。
自然光の唯一の取り入口である「オクルス」。
コリント式の列柱が並ぶ。
ドームの直径は43m。15世紀まで世界最大の大きさを誇った。

ローマにつくられた神殿であるパンテオン。最大の特徴は、直径約43mの円筒形プランに載った半球ドーム。コンクリートの骨材を上部にかけて段階的に軽くし、安定した構造を実現しました。

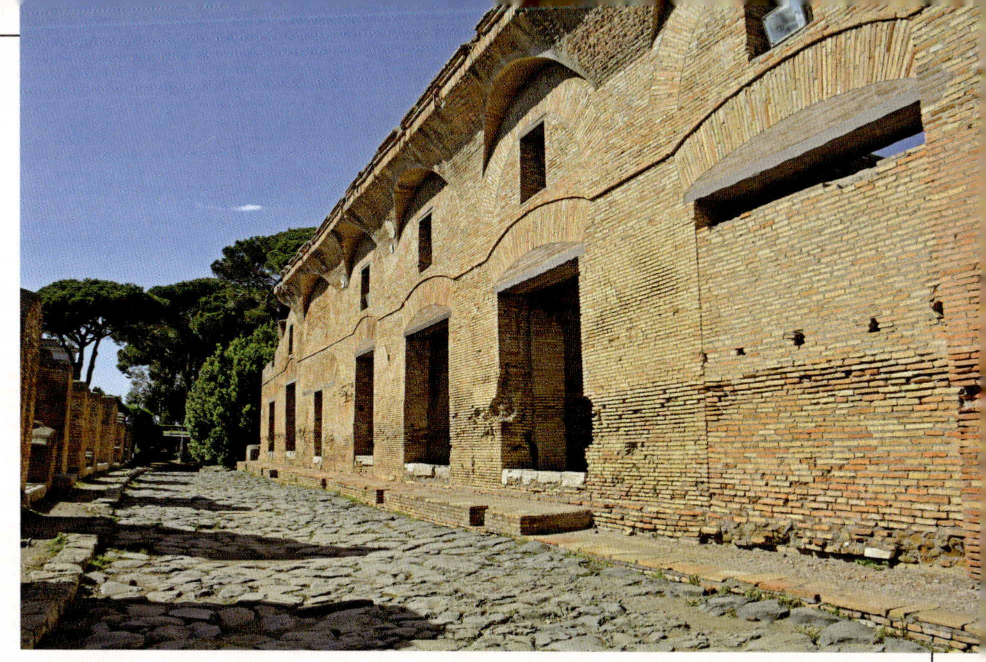

ローマ近郊のオスティア・アンティカに残るインスラ。

3 古代ローマの庶民はどんな家に住んでいたの？

A 多くの人がアパートに住んでいました。

「インスラ」と呼ばれる２～７階建ての集合住宅で、１階が店舗、２階以上が住居になっていました。４階ほどまではレンガで外装し、上層階部分は木造が主流でした。ただ、所有者ができるだけ多くの借家人を住まわせようと部屋を薄い壁で細かく仕切っていたために狭く、室内は暗く、火災にも弱い住み心地の悪い建物でした。帝政末期のローマにはこうしたインスラが４万棟以上もあったといわれています。

★COLUMN★

優れた大工だったローマ兵

地中海世界を席巻したローマ帝国の強さの秘密のひとつが、ローマ軍団の兵士たちが持つ建築力です。ローマ兵は移動の際につるはしや杭を必携品とし、戦場にたどり着くと工兵へと早変わりしました。

カエサルがガリア遠征において行なったアレシアの包囲戦では、３週間の間に街の周囲18kmにわたって堀や土塁、監視塔を築き、街を完全に封鎖したと記録されています。

1世紀のローマ軍団兵。武器は「ピルム」と呼ばれる投げ槍と、腰に帯びた刀剣「グラディウス」。

Q ローマ建築のあと、建築はどうなったの？

ノートルダム大聖堂 内陣

パリのセーヌ川左岸シテ島にそびえるノートルダム大聖堂は、着工から200年近くの年月をかけて建設されたゴシック建築の代表格です。内陣はアーチが連続するヴォールト状の天井をリブ（力骨）と呼ばれる補強材で堅固にすることで、より高い空間を実現。外壁にあしらわれたステンドグラスを通して光が降り注ぎ、内陣に聖なる空間が演出されています。

写真：Dmitry Vereshchagin ／ stock.adobe.com

A 教会や大聖堂が主流になりました。

理想的な教会堂建築を追求しながら、ロマネスク、ビザンツ、ゴシックと発展していきます。

西洋建築発展の原動力は、キリスト教の“信仰”でした。

ローマの高度な建築技術は、ローマの衰退とともに失われ、
ヨーロッパの建築文化は停滞期を迎えます。
その停滞を打ち破ったのは、ローマが国教としたキリスト教でした。
ローマ帝国の流れを汲むビザンツ帝国ではビザンツ様式の教会建築が確立され、
異民族の侵入に揺れた西ヨーロッパにおいても、
キリスト教文化が、ゲルマン民族の文化と融合し、
11世紀のロマネスク、12世紀のゴシックという教会建築の二大様式を確立させました。

Q1 ビザンツ建築で見ておくべき名建築は？

A イスタンブールのアヤ・ソフィアです。

6世紀に建設された大聖堂アヤ・ソフィアは、ビザンツ帝国の首都として栄えた現在のイスタンブール（トルコ）に位置します。ドームの四隅に荷重が滑らかにかかることを利用し、ドームの平面を外接させる「ペンデンティブ」という技術を用いて、直径33mの巨大ドームを長方形のバシリカ（長堂式教会堂）様式の教会建築と融合させたアヤ・ソフィアは、ビザンツ建築の最高傑作として称えられています。

イスタンブールのアヤ・ソフィアの外観（左）と内陣（右）。直径33mの巨大ドームを前後から2つの半ドームが支え、さらにその半ドームを両端の半円形アプシスが支えています。

Q2 ロマネスクってどんな意味？

A 「ローマ風」という意味です。

ロマネスク様式は、カール大帝が古代ローマ（らしき）建築を模倣して建てたアーヘン（ドイツ）の宮廷礼拝堂に始まる、11世紀の西ヨーロッパで確立した建築様式です。連続するアーチがトンネル状に奥へと伸びるトンネル・ヴォールトの天井や、これを直角に交差させた交差ヴォールトが広まって、多くの教会堂の天井を飾るようになります。その結果、従来の建築とは異なる天井空間が生まれました。

11世紀に建造されたロマネスク建築のシュパイヤー大聖堂（ドイツ）の外観（左）と内陣（右）。

Q3 ゴシック建築は、ロマネスク建築とどこが違うの？

A 明るく、色彩の溢れる空間が聖堂内に演出されるようになりました。

12世紀に始まるゴシックは、ゲルマン民族のゴート族に由来する名称です。ゴシック建築では、天井の横断アーチとその対角線のアーチをリブ（力骨／丸天井やかまぼこ屋根の曲面を支え、両側の柱へ荷重を伝える部材）とし、その隙間をセルによって覆うリブ・ヴォールトの天井が主流となりました。同時に光を取り込むためにクリアストーリー（高窓）を高く大きく設計するようになったことも大きな特徴です。

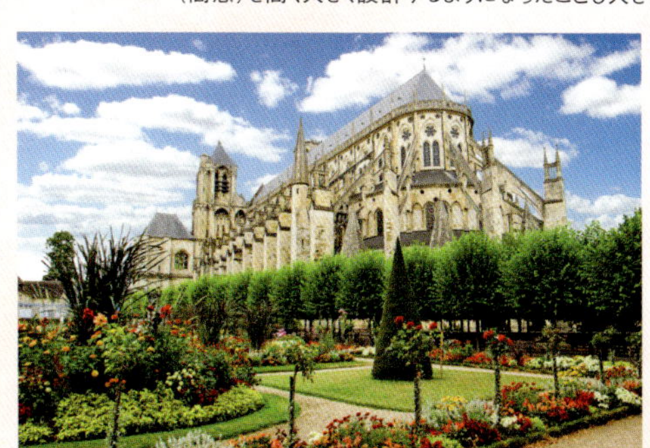

フランスのブールジュにあるサン＝テチエンヌ大聖堂。先端が尖った形の尖塔アーチや、アーチが外へ広がろうとする力を抑えるフライング・バットレス（飛梁）、バットレスの上に乗るピナクル（小尖塔）といった、空間を高くし、室内を明るくする技術が用いられています。

Q
ルネサンスで建築はどのように変わったの？

サンタ・マリア・デル・フィオーレ大聖堂

写真：oben901 ／ stock.adobe.com

A

古代の建築がふたたび脚光を浴びるようになりました。

地上55m〜90mの高さに達する大ドームは、当初実現不可能といわれましたが、二重のドームが互いに支え合って重量を分散させるブルネレスキの案によって実現されました。（建築家：ブルネレスキ／所在地：フィレンツェ／イタリア）

ルネサンスとバロックで より華美に、より荘厳に――。

東方貿易によって富を貯えた15世紀のフィレンツェにおいて、
富裕な商人層が権力を握り、
古代文化の「再生」を目指すルネサンスが開花しました。
ローマやフィレンツェでは、
当時を象徴する教会建築が次々に生まれます。
そして17世紀、
宗教改革に押されるカトリックの教会が進んだ道は、
より華美になることでした。

Q1 ルネサンスの有名な建築家を教えて！

A ブルネレスキのほかに、ブラマンテ、アルベルティなどがいます。

ブルネレスキはフィレンツェのシンボルともなっているサンタ・マリア・デル・フィオーレ大聖堂の大ドームの設計者として有名です。ブラマンテはサン・ピエトロ大聖堂の計画案を作成した人物。アルベルティは建築のみならず、絵画や彫刻、数学にも精通し、ウィトルウィウス（13ページ）の『建築十書』を研究して古代建築の美的規範が厳密な比例関係にあることを発見し、サンタ・マリア・ノヴェッラ教会のファサードのデザインに活かしました。

ブラマンテにより設計されたサン・ピエトロ・イン・モントリオ教会の殉教記念堂テンピエット。高さ13m、直径8mで、古典的なモチーフが用いられた、調和の取れた円堂です。（建築家：ブラマンテ／所在地：ローマ／イタリア）

1300年頃に創建されたサンタ・マリア・ノヴェッラ教会のファサード。アルベルティは、全体の調和を保ちつつ、上層部を神殿風に仕上げながら、全体を正方形の比例関係のうえに設計しました。（建築家：アルベルティ／所在地：フィレンツェ／イタリア）

Q2 バロック建築がケバケバしいのはなぜ？

A 布教のためです。

ルネサンスの影響を受けた歴代教皇は、サン・ピエトロ大聖堂の改修に資金をつぎ込み、その不足を補うべく贖宥状（免罪符）の販売を始めます。これが直接的な引き金となって宗教改革が起こると、威信回復を狙うカトリック教会は、民衆に対する説教とプロパガンダを芸術を通して成し遂げようとしたのです。結果、人々を畏怖させる神の空間が派手な装飾によって形づくられるようになりました。

ねじれた柱と豪華な装飾に彩られたサン・ピエトロ大聖堂の天蓋「バルダッキーノ」は、ベルニーニによって設計されたもので、バロックの特徴を端的に表わしています。（建築家：ベルニーニ／所在地：バチカン）

Q3 なぜヨーロッパには古代ギリシアを真似した建築が多いの？

A 理想社会への憧れです。

1700年代の大半は、豪華な装飾が施されたバロック様式の建築がヨーロッパを席捲していました。1770年頃、ドイツの学者ヴィンケルマンが古代ギリシア建築の合理性に着目。これらの建物についての著作がベストセラーとなり、その影響も受けて、古代ギリシア・ローマの建築スタイルを再現するシンケルのような建築家が登場しました。ベルリンのアルテス・ムゼウム（旧博物館）、ノイエ・ヴァッヘ（近衛兵詰所、現・戦争犠牲者慰霊堂）、王立劇場など、多くの古代ギリシア風建築が生み出されました。

ヒトラーが率いたナチス党の党大会場、ツェッペリンフェルト。無数のサーチライトが夜空を照らし、ギリシア神殿の列柱を模した、光の神殿がつくられました。若い頃、建築家志望だったヒトラーは、その夢を自ら抜擢した若き建築家、アルベルト・シュペーアに託しました。（建築家：アルベルト・シュペーア／所在地：ニュルンベルク／ドイツ）

法起寺三重塔

写真：銀塩一途／PIXTA

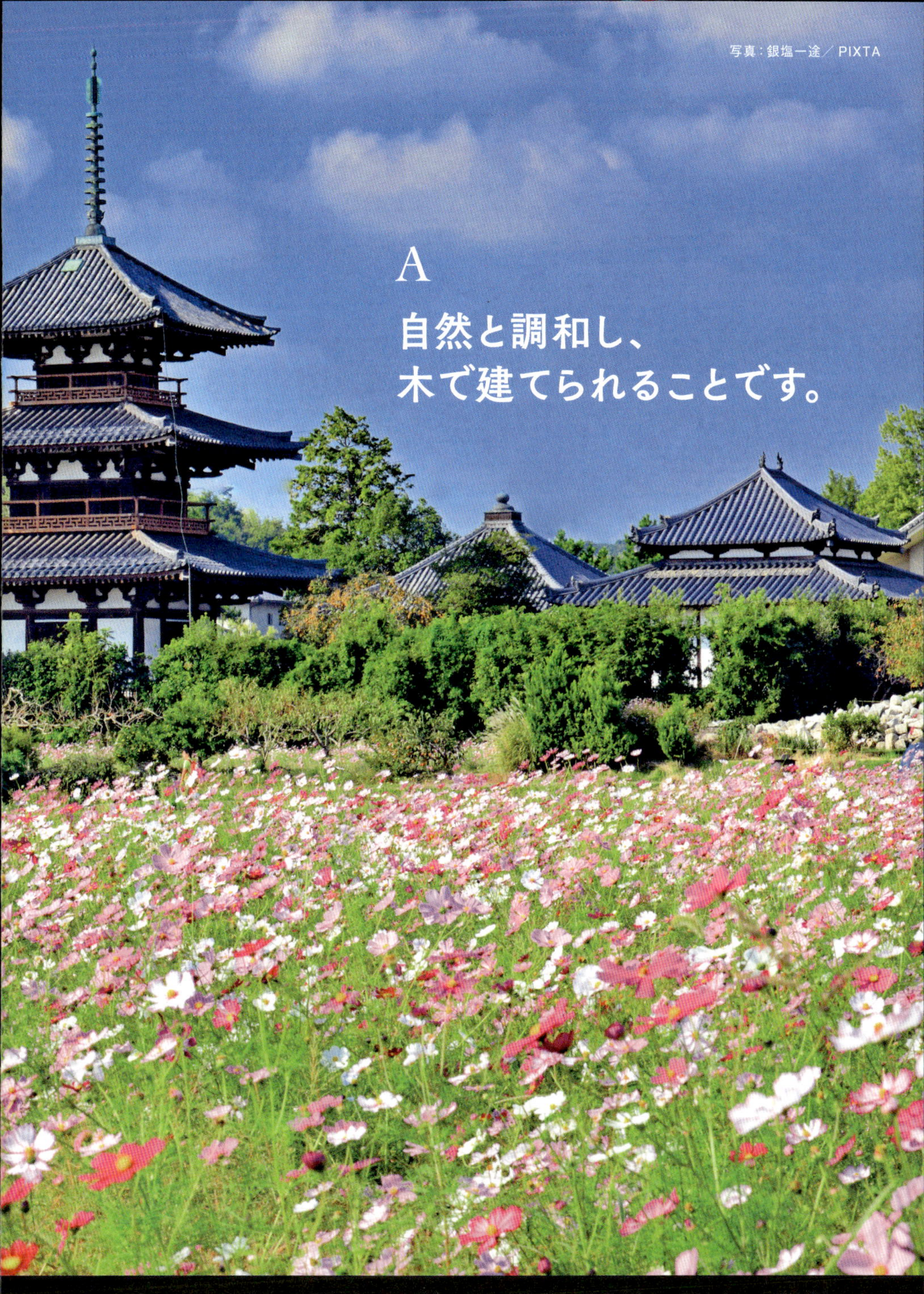

A

自然と調和し、木で建てられることです。

斑鳩の古寺のひとつで、聖徳太子が岡本宮を営んだ地に638年、福亮僧正が金堂を建立。706年までに伽藍を整えたと伝わります。奈良時代の日本の寺院は平坦な土地に、金堂・塔・講堂などの施設が並ぶのが特徴です。（奈良県斑鳩町）

日本人が好んだのは、自然を活かす空間設計でした。

日本の建築には、
自然のありさまを巧みに利用するという特徴があります。
自然の地形は戦いにも活用され、戦国時代から江戸時代にかけて、
城郭建築が全盛期を迎えました。

Q1 神社の社殿は誰が考えたの？

A 弥生時代末期の纏向遺跡に暮らした人々かもしれません。

伊勢神宮の「神明造り」、出雲大社の「大社造り」はわが国で最古の神社建築様式といわれます。実は弥生時代末期の纏向遺跡（奈良県）から伊勢神宮と同じつくりの棟持柱を持つ建物跡が発掘され、その隣には大社造りに類似した建物跡が発掘されています。

神明造りの伊勢神宮外宮御正殿（上）と、大社造りの神魂（かもす）神社本殿（左）。当初神社に社殿はありませんでしたが、仏教伝来後、寺院建築に触発されて本殿を中心とする神社の形式が整えられていきました。

西洋と日本のお城とで、仕組みはどう違うの？

城壁で囲われているか、いないかが大きな違いです。

西洋のお城は、高い城壁で街や城主の居館をぐるりと囲むことで敵を防ごうとしましたが、日本のお城は、高い石垣や深い堀を持つものの、西洋のお城のような城壁はありません。その代わり、見通しの悪い道や、城門、櫓（やぐら）、壁など、城内の各所に防御設備を置き、入り込んだ敵に少しずつ被害を与えていく防衛スタイルをとっていました。

空から見た大阪城です。現在見られる縄張り（建物の配置）は江戸時代のもので、豊臣秀吉が築いた大坂城は地下に埋められています。二重の堀と石垣、櫓などからなる防御網が幾重にもわたって張り巡らされ、ようやくたどり着いた先に天守がそびえる構造であることが分かります。

★COLUMN★

建築界の「縄文vs.弥生」の伝統論争

縄文時代と弥生時代の比較は歴史の話のなかで行なわれるものですが、実は戦後の建築界においても近代建築の無機質な造形に反映させるべきデザインとして、「縄文vs.弥生」の伝統論争が展開されたことがありました。

縄文的建築、弥生的建築はどのようなものかというと、一般的には、前者が荒々しさを特徴とする建築で、後者が均整の取れた優美な建築とされます。戦後を代表する建築家・丹下健三（たんげけんぞう）は、双方の体現を追及していたといわれ、広島平和記念資料館のなかで、水平・垂直線の〝弥生的〟外観の本館（現・東館）と、ピロティの柱を持つ〝縄文的〟な陳列館（現・本館）を並列させ、両者の対比構造を実現しようとしたと当時を回想しています。

広島平和記念資料館。手前が縄文的外観の旧・陳列館（現・本館）。左奥は広島国際会議場。弥生的外観の旧・本館（現・東館）と同じデザインで1989年に建てられた。（建築家：丹下健三／所在地：広島市）

Q
どんな建築を「近代建築」と呼ぶの？

ロースハウス

写真：reichhartfoto ／ stock.adobe.com

A
産業革命以降に生まれた建築のことです。

ウィーンのミヒャエル広場に面して建つアドルフ・ロース設計の通称「ロースハウス」（1911年竣工）。上階が集合住宅、下階が商業施設となっていますが、装飾はほぼ排除され、庇すら設けられていません。
（建築家：アドルフ・ロース／所在地：ウィーン／オーストリア）

建築家ロースはいいました。——装飾は罪悪である。

ロースハウスを設計した建築家アドルフ・ロースは
表面的な装飾を否定し、実用と結びついた建築を目指しました。
機械産業の導入から始まった近代建築への動きでは、
それ以前に重視された過度な装飾性が批判され、
機能性や合理性を優先した設計の建物が評価されるようになります。

Q1 近代建築にはどんな特徴があるの？

A 装飾を用いない白い箱状の建築です。

鉄やガラス、コンクリートといった工業化された材料や、科学技術の進歩に裏付けられた構造技術が採用されているのも近代建築の特徴です。また、スイス出身の建築家であるル・コルビュジエは、「近代建築の五原則」を提唱しています。

Q2 近代建築の五原則ってなに？

A ピロティ、屋上庭園、自由な平面、水平連続窓、自由なファサードの5つです。

ル・コルビュジエが近代建築の五原則を実現したのがサヴォア邸（フランス）です。「ピロティ」とは地上部分を、柱を残して外部空間とした建築形式。主要階を持ち上げることで、地面から建築を離し、空いた空間を交通と植物、運動のための場にしようと試みました。横一線に連なる窓や屋上庭園などル・コルビュジエが提唱した5つの原則が詰め込まれた建築で、室内は階段だけではなくスロープで行き来できる構造となっています。

ル・コルビュジエの代表作サヴォア邸。1階にピロティ、3階に屋上庭園が配され、2階に窓が水平に連続しています。鉄筋コンクリートを使用し、装飾を排除したデザインは当時の建築界に衝撃を与えました。（建築家：ル・コルビュジエ／所在地：パリ郊外／フランス）

Q3 近代建築に木材は使われないの？

A そんなことはありません。

日本には木造モダニズムと呼ばれる独自の近代建築があります。前川國男による旧紀伊国屋書店（東京都）や自邸（東京都）、坂倉準三による飯箸邸（長野県）、松村正恒による日土小学校（愛媛県）などが挙げられます。木造でも、フラットルーフ（水平屋根）に見えるよう、外観を工夫するなどして近代建築の特徴を持たせています。

Q4 近代建築は、国や地域が違っても、似た雰囲気があるのはなぜ？

A 近代社会の広がりに応じて、国を超えた普遍性、国際性を目指したからです。

1920年代から50年代にかけて、個人や地域などの特殊性を超えて、世界共通の様式へと向かおうとする傾向が生まれます。ヴァルター・グロピウスやミース・ファン・デル・ローエ（131ページ）らが中心となって、装飾を排除し、個人や地域の特殊性を超える、世界的に共通する様式を目指したのです。こうした「国際様式」が近代（モダニズム）建築の主流となっていきました。

★COLUMN★

モダン・デザインの学校「バウハウス」

建築家グロピウスが、1919年に開校させたバウハウス（ドイツ）は、美術、工芸など、建築に関係する総合的なデザイン教育を行なった学校です。そのカリキュラムは、材料の研究と基礎造形を学んだのちに総合芸術とされる建築の分野を学ぶものでした。

バウハウスが教えたのは、世界中どこでも普遍性を持つ建物であり、やがて合理主義的・機能主義的な芸術にも影響を与えるようになります。ただし、学校として存在した期間はわずか14年間と短く、1933年にナチスによって閉鎖されています。

バウハウスのデッサウ校舎。合理的で普遍的な「国際様式」を体現する建築で、1996年、世界遺産に認定されました。（建築家：ヴァルター・グロピウス／所在地：デッサウ／ドイツ）

Q それでは「現代建築」ってどんな建築？

ガーデンズ・バイ・ザ・ベイ(シンガポール)

シンガポールの巨大植物園「ガーデンズ・バイ・ザ・ベイ」。乱立するスーパーツリーの奥には、世界最大級のカジノやショッピングモール、ホテルなどが同居した総合リゾート「マリーナ・ベイ・サンズ」がそびえています。現代建築でこそ実現できた幻想的な景観といえるでしょう。

写真：SIME ／アフロ

A 現代の多様なニーズに応じて建てられた建築です。

建築史上では、第二次世界大戦後、とくに1970年代以降の建築を「現代建築」と呼ぶケースが多くみられます。

これからの建築は、原点回帰と地域性の時代へ――。

合理性を求めることで、逆に画一化の道を辿った近代(モダニズム)建築に対し、
1960年代以降、批判が行なわれ、
従来の建築の考え方を覆そうと、「建築の解体」などが提唱されました。
いまでは、都市や自然といった周辺環境との関係性が、
建築デザインを決める重要な要素となりつつあります。

Q1 モダニズム建築の特徴は?

A 機能性と形の美しさを同時に実現したことです。

病院や美術館、学校など近代社会になって続々と建てられていった新しい建築物とその機能に対応するため、機能性や普遍性を目標にしました。これを、鉄やコンクリート、ガラスといった工業材料を使って建設しようとします。そして、単純な形のなかに普遍的な美を見出す、抽象美の美意識をもとに設計が行なわれていきました。

ファグス靴型工場は、ガラスによるカーテンウォールのデザインを実現したモダニズム建築を代表する建築です。(建築家:ヴァルター・グロピウス/所在地:アルフェルト/ドイツ)

Q2 ポストモダニズム建築って、モダニズム建築とどう違うの？

A 個々の建物に高い個性を求めようとした現代の建築です。

ポストモダニズム建築は、従来のモダニズム建築の画一的なデザインと一線を画し、これに代わる建築として、1970年代以降に生まれた装飾性、折衷性、記号性などの回復を目指した建築のことです。

博物館や劇場、水族館など5つの近未来的な建築が広大な人工池に浮かぶバレンシア芸術科学都市。（建築家：サンティアゴ・カラトラバ／所在地：バレンシア／スペイン）

Q3 現代建築のデザインはどこへ？

A モダニズムのデザインが復活したりもしています。

1990年代後半以降に登場してきた、モダニズムのデザインを受け継ぐかのような建築で、ネオ・モダニズムなどと呼ばれることもあります。

せんだいメディアテーク。ガラスのカーテンウォールによる、フラットな外観が特徴的です。（建築家：伊藤豊雄／所在地：仙台市）

COLUMN
1
世界の高層建築

天空を目指す 世界のタワー建築ベスト3

ブルジュ・ハリファ
（ドバイ／アラブ首長国連邦）

東京スカイツリー
（東京／日本）

上海タワー
（上海／中国）

眼下に広がる絶景！
世界の高層マンションベスト3

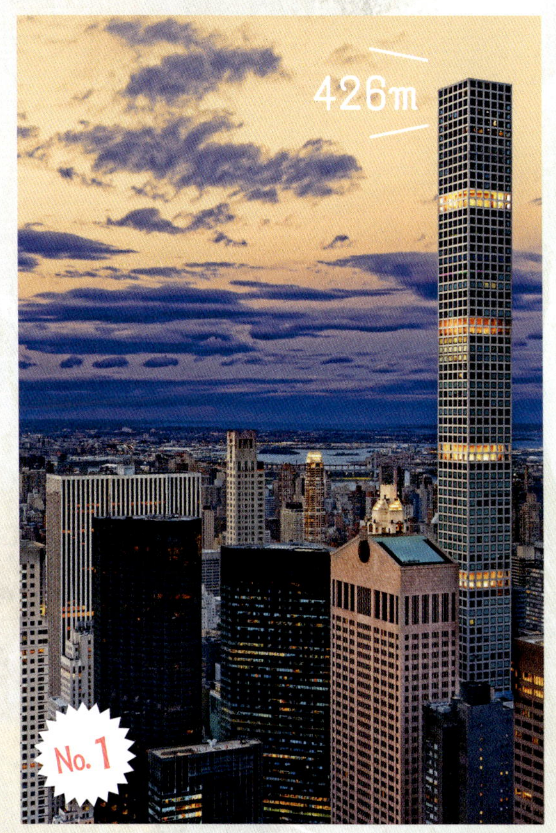

432パーク・アベニュー

（ニューヨーク／アメリカ合衆国）

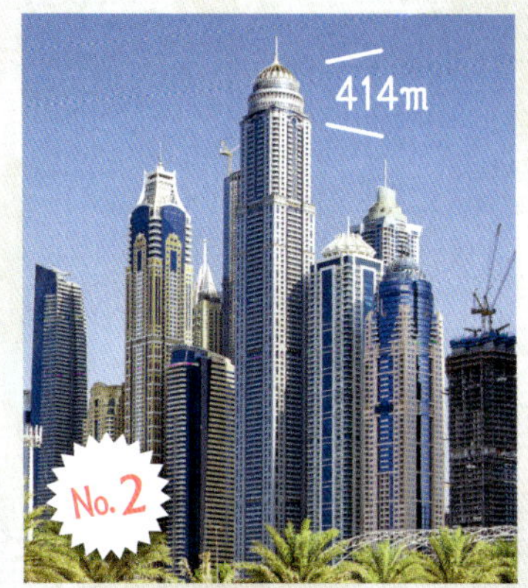

プリンセスタワー

（ドバイ／アラブ首長国連邦）

23マリーナ

（ドバイ／アラブ首長国連邦）

世界一高い教会建築

ウルム大聖堂

（ウルム／ドイツ）

世界一高い大学校舎

M・V・ロモノーソフ記念
モスクワ国立総合大学

（モスクワ／ロシア）

写真：アフロ

神護寺金堂　木材と木材を縦横に組み合わせることで、建物は成立しています。（京都府）

「柱」と「梁（はり）」が、建築構造の基本です——。

建築の空間は「高さ」と「幅」、そして「奥行き」からなります。
この「空間」を生み出す基本となるのが、
まっすぐな材でつくられる「柱」と「梁」です。

Q1 建物の骨組みはどうやってつくるの？

A 柱と梁を組み合わせてつくります。

柱は高さをつくり垂直方向の重さを支え、梁は水平方向に伸びて幅と奥行きを生み出します。建造物のなかで垂直に建つのが「柱」。しかし、柱が垂直に立っているだけでは不安定なので、水平に「梁」を渡して互いに噛み合わさせて安定をもたらします。「梁」は、上層階や屋根の重量を柱と共に支える役割を果たしています。

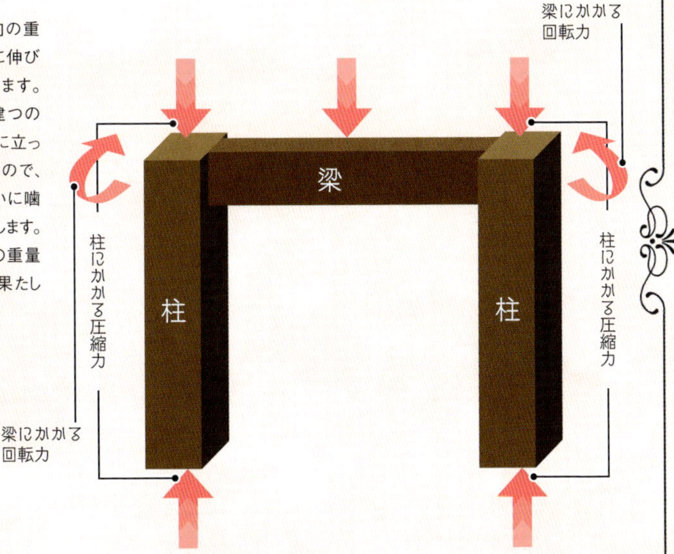

Q2 柱と梁が弱いとどうなるの？

A 柱は折れ曲がり、梁はたわみ、やがて建物が倒壊します。

柱には圧縮する力がかかり、梁には回転する力がかかります。その結果、細い柱は折れ曲がり、弱い梁はたわみが大きくなります。たわみが大きくなると人が歩くたびに振動したり、床が沈んだりします。これを防ぐために、柱と柱の間に斜めの材（筋交い／すじかい）を入れて補強したり、圧縮する力を分担する壁（耐震壁／たいしんへき、構造壁）を組み入れたりします。

Q
建築に三角形がたくさんあるのはどうして?

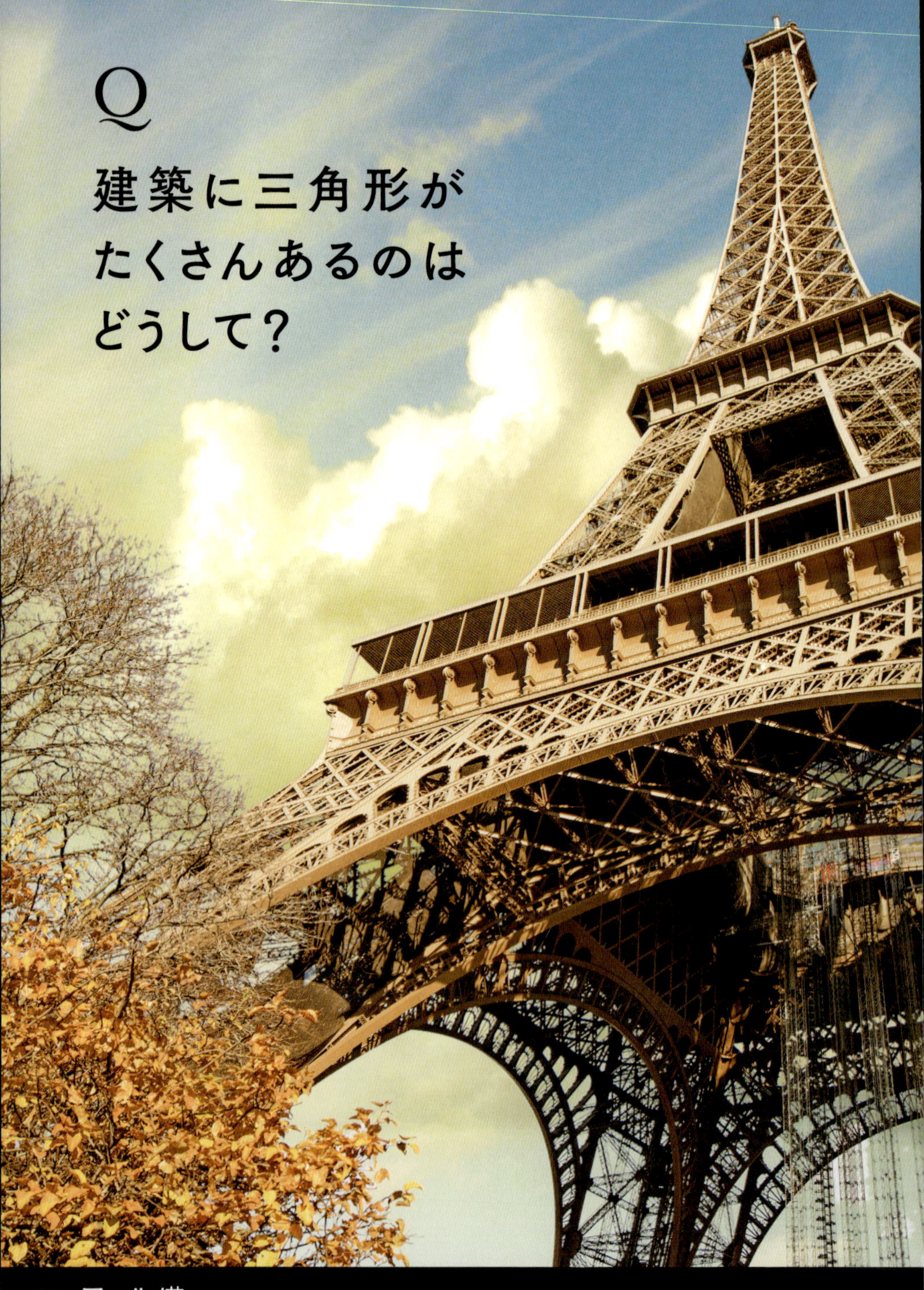

エッフェル塔

写真：jovannig ／ stock.adobe.com

A

縦横双方からかかる力を
安定して支えることが
できるからです。

エッフェル塔は1889年のパリ万国博覧会の際に建てられた高さ300mの鉄塔。鉄骨造建築で、新しい工学技術の産物として高く評価され、万国博終了後も電波塔として残されました。現在もパリを象徴するモニュメントのひとつとなっています。（建築家：ギュスターヴ・エッフェル／所在地：パリ／フランス）

三角形は安定、四角形は不安定――。

いろいろな建物を見てみると、三角形の構造で溢れています。
実は四角形の構造は荷重に対してあまり強くありません。
では、いったい三角形にはどのような秘密があるのでしょう？

＼変形しにくい！／

横からの力

Q1 なぜ三角形は強いの？

A 力を加えても、形が変わりにくいからです。

三角形は、頂点に加わった力に対して変形しにくいという特徴があります。たとえば、柱と梁でできた四角形の頂点に横から力を加えると、変形して平行四辺形になります。しかし、この四角形の対角を結ぶように斜めの材を追加して、四角形を２つの三角形に分けると、同じように横から力を加えても変形しにくくなります。この斜めの材のことを筋交い（ブレース）と呼びます。この三角形の特徴を活かして、三角形を基本として組み合わせていく構造を「トラス構造」と呼びます。

トラス梁の仕組み

三角形を単位とするトラス構造で構成した梁を「トラス梁」と呼びます。産業革命以降、鉄道の普及とともに橋梁などに用いられるようになりました。

ハウトラス

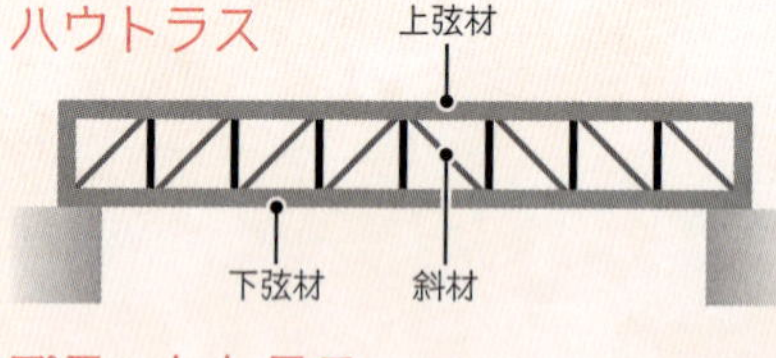

ワーレントラス

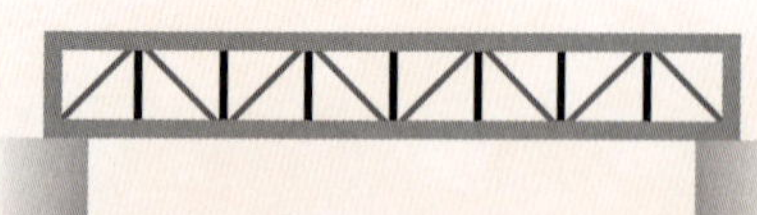

プラットトラス

フィンクトラス

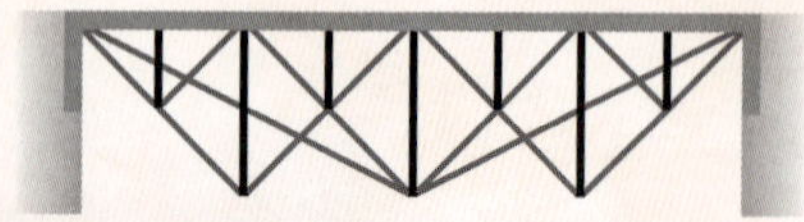

ロンドンの金融中心地シティ・オブ・ロンドンにそびえる30セント・メリー・アクスの外壁。斜め格子が連続する外壁は、一見デザインのようにも見えますが、建物を支える構造です。（建築家：ノーマン・フォスター／所在地：ロンドン／イギリス）

2Q トラス構造の代表的な建築を教えて!

A イギリスのフォース鉄道橋が有名です。

フォース鉄道橋でトラス構造が用いられるのは、3つの菱形をしたカンチレバー（片持ち梁）部分で、このような橋をカンチレバー橋と呼びます。トラス橋は細長い部材を両端で三角形に組み合わせ（トラス梁）、それを繰り返して桁を構成することで強度を高めているのです。

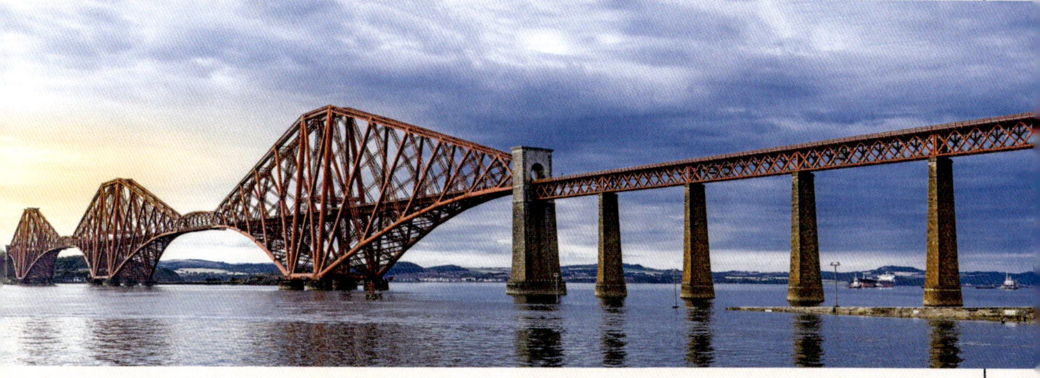

イギリス・スコットランドのエディンバラ近郊のフォース湾に架かるフォース鉄道橋は、長さ約2,500m、高さ100mの鉄道橋です。（エディンバラ／イギリス）

3Q ローマ時代の水道橋がいまだに崩れないのはなぜ？

A 石を加工して積み上げる「精巧な技」があったからです。

アーチ構造は、台形に加工された石を半円状に積み重ねた構造です。それぞれの石の重さ（自重）によって、下側にある石はつねに斜め下方向へ押されています。そのため、石と石の間は、紙一枚も差し込むことができません。こうして、石から石へと力を地面まで効率よく伝えていきます。また、アーチ状に石を組み上げることで、その下に空間をつくりだすことができます。石を台形に精巧に加工し、隙間なく積み上げていく技術力がなによりも求められます。アーチ構造は、自重など上から下へ加わる力（鉛直力）に対しては有効ですが、地震などの横からの力（水平力）に対してはそれほど強くありません。日本とは異なり、地震があまりない地域だからこそ、いまだに崩れずに勇姿を保っていられるのです。

ローマ建築の代表作のひとつ、セゴビアの水道橋。ローマ時代、こうした施設が領内各所に水をいきわたらせていました。（セゴビア／スペイン）

Q 支柱もない丸い屋根がへこまないのはどうして?

ケネディ国際空港 第5ターミナル

4枚のコンクリート・シェルで構成された屋根が特徴的。2001年に閉鎖され、取り壊しも検討されましたが、2005年に国家歴史登録財に認定され、2019年にホテルに改修。再び利用されることになりました。
（建築家：エーロ・サーリネン／所在地：ニューヨーク／アメリカ）

写真：Alamy／アフロ

A 卵の殻が堅いのと同じ仕組みです。

鶏の卵や貝殻のように、平たい面を湾曲させると、たとえ薄くても強度を発揮します。この原理を応用して、鉄筋コンクリートなどでつくられた曲面屋根を用いる構造がシェル構造（殻構造、曲面板構造）です。コンクリートの量が少なくてすみ、柱なしで大きな空間を覆うことができます。

支柱がなくても、屋根を支える方法があります。

湾曲した薄い曲面は強いという特徴があります。
薄い板を曲面板にすると、平らな板よりも強度が増します。
これは卵の殻と同じ原理です。

Q1 シェル構造のほかにも自然の形を利用した構造はあるの？

A 蜂の巣などがあります。

蜂の巣を見ると正六角形がずらりと並んでいます。この正六角形の連続は、衝撃が加わった際に力が多方向に分散し、それぞれの面が受ける衝撃力が小さくなるという特徴があります。そのため軽量ながら高い剛性と耐力、柔軟性を持つ構造になり、「ハニカム構造」と呼ばれ、壁材などに応用されています。

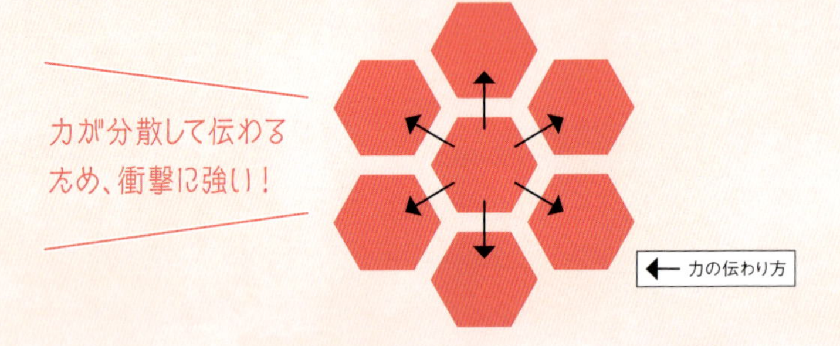

力が分散して伝わるため、衝撃に強い！
← 力の伝わり方

さまざまなシェル構造

球形

アヤ・ソフィア（イスタンブール）

円筒形

オルセー美術館（パリ）

鞍形

オセアノグラフィック（バレンシア）

Q2 東京ドームは どのように屋根を支えているの？

A 内側からの空気圧が支えています。

内部の気圧を上げることで、薄い膜状の材料に内側から圧力がかかり、風船のようにふくらんで屋根がつくられています。出入口で強い風に襲われるのは、この気圧差によるものです。

厚さ0.2mmのETFE（高機能フッ素樹脂）フィルムのエアークッションに覆われたバイエルン・ミュンヘンのホームスタジアム「アリアンツ・アレーナ」。東京ドームと同じく、空気圧の差を利用しています。（設計：ヘルツォーク&ド・ムーロン／所在地：ミュンヘン／ドイツ）

Q3 大きな施設の屋根について、もっと教えて！

A テントのように吊るタイプや、骨組みに膜を張るタイプなどがあります。

巨大な柱からケーブルで薄い膜状の屋根を吊り下げるタイプをサスペンション構造（吊構造）といいます。また、鉄骨などの骨組に膜を張る、傘のような構造もあります。東京ドームのように、内部の気圧を少し上げて、風船のように薄い膜をふくらませるタイプは、ニューマチック構造（空気膜構造）といいます。いずれも、引っ張られても強い材質の膜材を用い、強く引っ張ることで全体が安定します。

国立代々木競技場第一体育館は直径120mのほぼ円形の平面で、内部に柱がなく、2本のケーブルだけで屋根が支えられています。2本の柱の間に太いケーブルを渡し、これで屋根を吊ってかけるという世界初の構造が採用されています。また、吊り屋根は風の影響を受けやすいため、柱とケーブルの間に制振オイルダンパーが取り付けられています。こちらも世界初の試みでした。（建築家：丹下健三／所在地：東京／日本）

Q
柱だけで建物を支えることはできる?

建設中のバンクーバーハウス

写真：edb3.16/stock.adobe.com

A
できません。

梁と呼ばれる水平の材や床板が柱の上端に取り付けられて、柱同士をつないでいくことで、横揺れにも耐える強度を発揮します。

建設中の集合住宅「バンクーバーハウス」。三角形のベース部分からねじれて上部が四角形となるフォルムが特徴的な高層建築で、2019年に完成しました。（建築家：ビャルケ・インゲルス・グループ／所在地：バンクーバー／カナダ）

ビルの骨組みは、まるでジャングル・ジム。

上階から地面に向かう縦方向の力（垂直力）は柱だけでも支えられますが、
風や地震などで横から力（水平力）が加わった場合、
梁が柱を堅結していることではじめて抵抗力が生まれ、支えることができます。
高層ビルでの骨組みは、
柱と梁がジャングル・ジムのようにつなぎ合わされていますが、
このような構造のことを「ラーメン構造」といいます。

柱と梁の連結で
建物の強度UP！

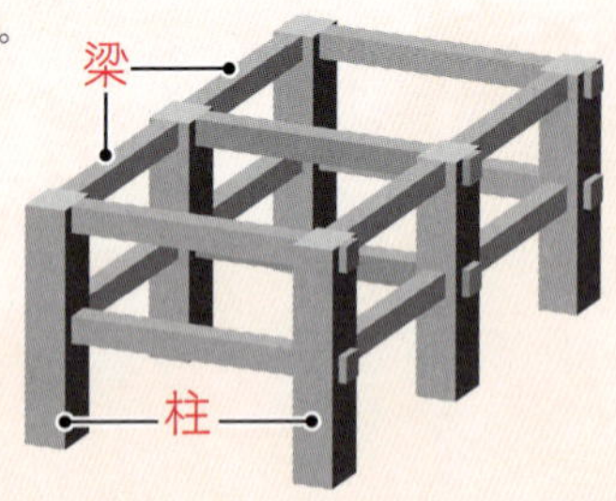

 「ラーメン」には見えないのだけど？

A ドイツ語のRahmen（枠・縁）に由来する名称です。

柱と梁がジャングル・ジムのようにつなぎ合わされ、枠状の構造がつくられることが由来です。

壁は部屋を仕切るだけのもの？

A 壁が建物の重さを支える「壁構造」の形式があります。

壁構造では、四角い建物の場合、長辺方向と短辺方向の双方に、荷重を支える壁（構造壁）がバランス良く配置されなければなりません。また、2階建て以上の場合、主な構造壁は各階を貫いて同じ位置に置かれなければなりません。柱や梁の出っ張りをなくし、空間をスッキリさせることができますが、壁を取り払うことができないので、間取りの自由度が制限されるなどのデメリットがあります。

聖アンセルモ目黒教会。（建築家：アントニン・レーモンド／所在地：東京都目黒区）

壁面と屋根が蛇腹構造になっている群馬音楽センター。(建築家:アントニン・レーモンド/所在地:群馬県高崎市)

Q3 蛇腹の壁面にはどんな意味があるの?

A より重いものを支えることができる構造です。

ふたつの空き箱の間に紙で橋を架けてみてください。平面のまま架けると、紙はすぐにたわんでしまいます。では、紙を蛇腹に折って架けてみるとどうでしょう? 今度は曲がりにくくなって強度が増すのが分かるはずです。これは板でも同様で、同じ厚さの板なら、平面として使うより蛇腹状に折って立体的にする方が頑丈になるのです。板を折って荷重を支えるこうした構造を「折板構造(せつばんこうぞう)」といい、壁についても同様に蛇腹状にすることで強度が増すのです。

Q4 音楽堂や議事堂などで蛇腹の壁をよく見かけるのはなぜ?

A 音響効果もあるためです。

折板構造の壁や屋根は、音を反射させてさまざまな方向に拡散させます。音響上の効果もあるため、音楽堂やオーディトリアム、議事堂などでよく用いられています。また、大規模な空間を柱なしにつくることができるので、大勢の人が集まる空間にも適しています。

カスバ街道の街並み

カスバ街道は、モロッコ中部の都市ワルザザードとエルラシディアを東西に結ぶ街道。その名の由来となった「カスバ(城塞)」と呼ばれる要塞化された集落が街道沿いに点在しています。街の家々や城壁は土でつくられています。(モロッコ)

Q 気候によって建材はどう違うの?

写真：Jose Fuste Raga／アフロ

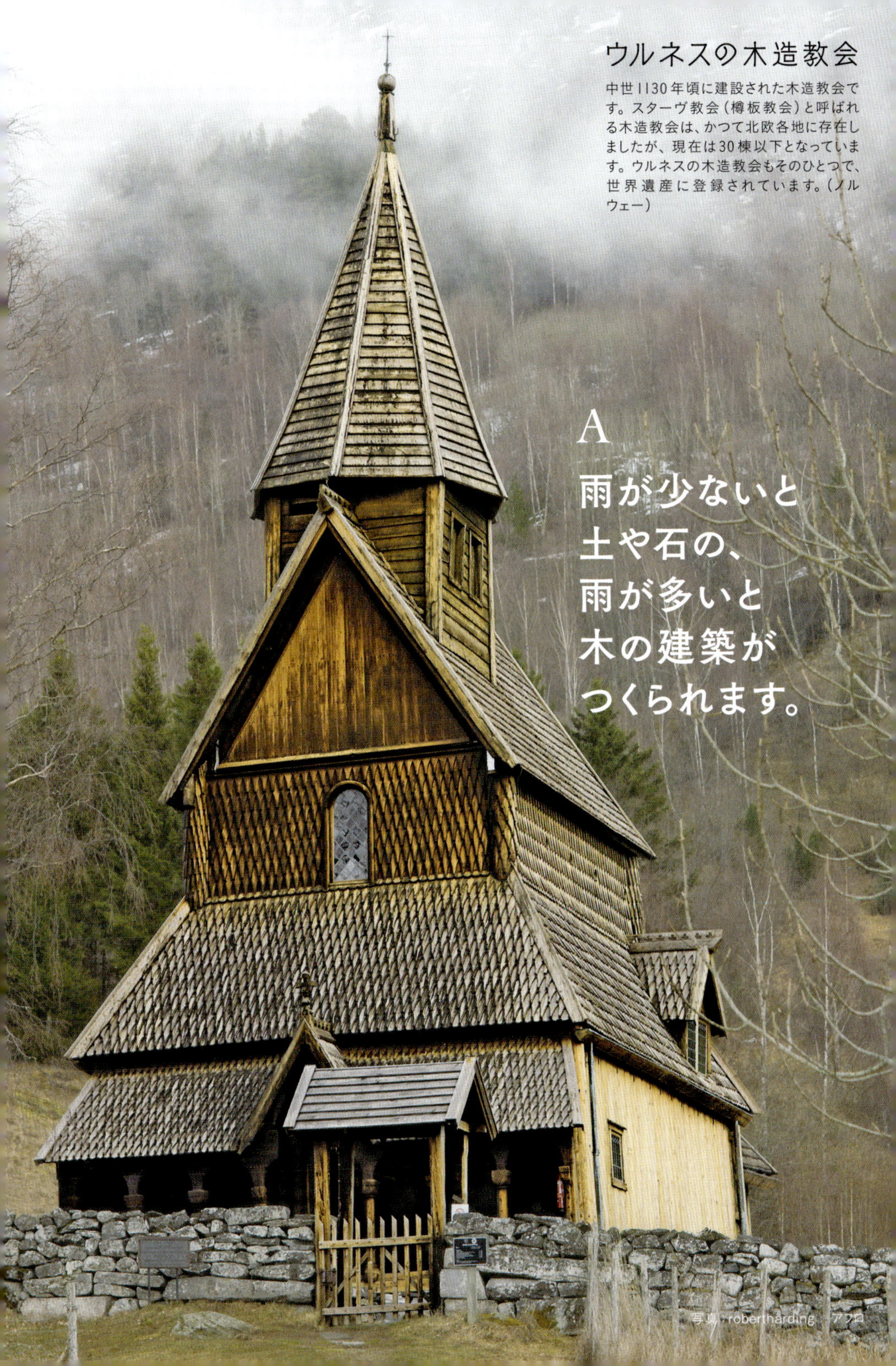

ウルネスの木造教会

中世1130年頃に建設された木造教会です。スターヴ教会（樽板教会）と呼ばれる木造教会は、かつて北欧各地に存在しましたが、現在は30棟以下となっています。ウルネスの木造教会もそのひとつで、世界遺産に登録されています。（ノルウェー）

A

雨が少ないと
土や石の、
雨が多いと
木の建築が
つくられます。

写真：robertharding／アフロ

建材は、自然の素材から、鉄筋コンクリートへ――。

近代建築で鉄筋コンクリートが用いられるようになるまでは、
木、土、石、レンガなどが建築の材料として用いられてきました。
これらがどのように活用され、
今後、どのように使われていくのかを探ってみましょう。

Q1 どんな木が建築に適しているの?

A ヒノキ、スギ、ケヤキなどです。

耐水性や耐久性に優れながら加工が容易な木材が建築には用いられます。針葉樹と広葉樹のどちらも用いられますが、一般に針葉樹が構造材や造作材に使われ、広葉樹が家具材や装飾材に使われます。

	種類	特性・用途
針葉樹	スギ	耐水性・耐湿性に優れ、脂気が少ないため、最も広い用途を誇る。
	ヒノキ	耐水性・耐湿性に優れ、加工しやすい。
	アカマツ	耐久性が高く脂気が多い。弾力性に富み加工しやすい。

	種類	特性・用途
広葉樹	ケヤキ	水湿に耐え、伸縮や反りが少ない。
	ナラ	緻密で堅いが、反りが大きく加工しにくい。
	クリ	強度が高く、また腐りにくいため、土台などに用いられる。

Q2 材木にいくつも凹みがつくられるのはなぜ?

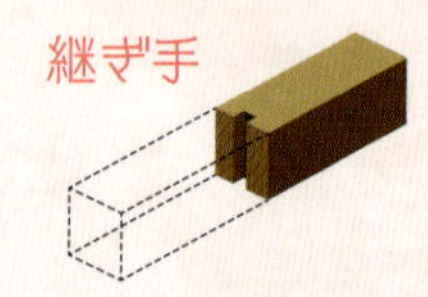
継ぎ手
短い部材を
長くする!

A 材木同士を組み合わせるためです。

製材された材木の凹凸は接合部にあたり、継ぎ手、仕口と呼ばれます。継ぎ手は短い部材を同一方向に繋いで長い部材にしていくため、仕口は角度を変えてつなぎ合わせていくための接合方法です。このように日本では、釘を一切使わずにはめ込む木組の接合方法を古くから用いてきました。ただし、現在では接合部を金物で補強するのが一般的になっています。

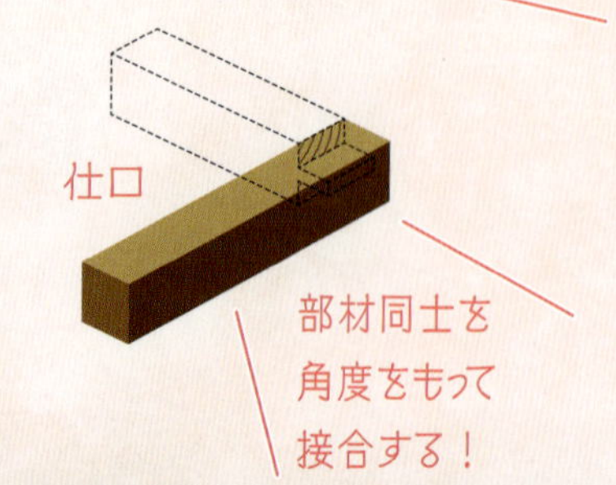
仕口
部材同士を
角度をもって
接合する!

3Q 木造や石造の現代建築って存在するの？

A スウェーデンのキルナ教会は木造で、フィンランドのテンペリアウキオ教会は岩盤をくり抜いて建てられました。

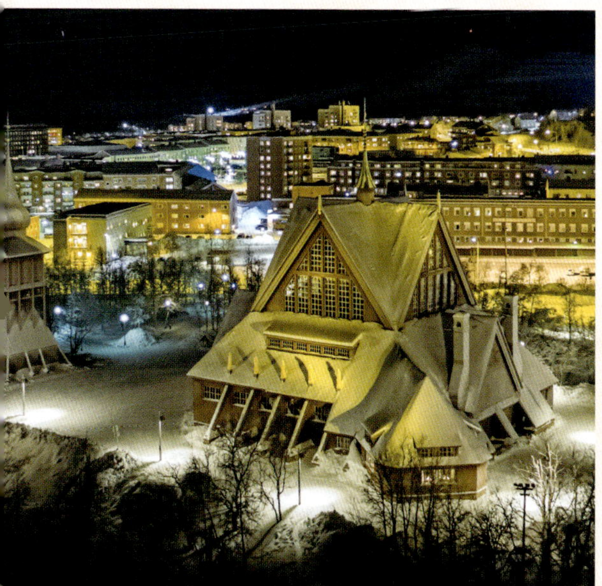

岩盤の一部が礼拝堂として利用され、ルター派の信義とフィンランドの自然を愛する心を表現するテンペリアウキオ教会。（建築家：スオマライネン兄弟／所在地：ヘルシンキ／フィンランド）

1912年に建設されたキルナ教会。外装は赤い塗装が施された木製で、内部は暗色の梁と垂木が絡み合っています。（建築家：グスタフ・ウィックマン／所在地：キルナ／スウェーデン）

★COLUMN★

珍しい素材でつくられた現代建築

現代建築の建材というと、木のほかに、58ページから登場するコンクリートや鉄筋コンクリートなどが中心ですが、そのほかにもさまざまな素材が建材として活用されています。

たとえば、スウェーデンのユッカスヤルヴィでは冬季限定で氷を建材にアイスホテルがつくられます。また、2011年2月のカンタベリー地震で甚大な被害を受けたクライストチャーチ大聖堂（ニュージーランド）の仮設カテドラルは必見。防水処理が施された長さ20m、直径60cmの紙管を90本以上使って建設されています。

ほかにもガラスやアルミニウム、次世代建材としてセラミックス、繊維補強プラスチック、天然・化学樹脂などに近年注目が集まっています。

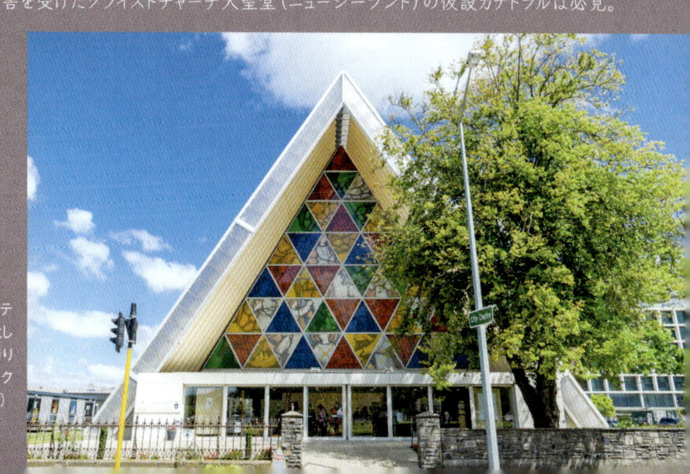

クライストチャーチ大聖堂の仮設カテドラル。イベントやコンサートの場としても活用され、高い音響効果を誇ります。（建築家：坂茂／所在地：クライストチャーチ／ニュージーランド）

Q コンクリート剥き出しの建物は建設の途中なの?

ソーク生物学研究所

写真：アフロ

A すでに完成しています。

20世紀最後の巨匠と呼ばれるルイス・カーンの代表作です。左右の研究室は無柱空間の設計で、中庭に面して海を臨むように配置されています。コンクリートの灰白色の建物群が青空に映え、訪れる人々を魅了する同研究所からは、多くのノーベル賞受賞者が輩出されています。（建築家：ルイス・カーン／所在地：サンディエゴ／アメリカ）

コンクリートは剥き出しですが、完成した建物です。

塗装、タイル・石張りなどの仕上げ工程を省き、
型枠を外した直後の剥き出しのままの状態のコンクリートをもって仕上げとしているのが、
「コンクリート打ち放し」と呼ばれる手法です。

Q1 コンクリートってどんな材料なの？

A セメントに砂と水、砂利を混ぜた材料です。

コンクリートは骨材（砂利・砂）が体積全体の７割を占め、残りの３割が水とセメントです。セメントと水を混ぜると化学反応を起こし、やがて固まります。水和反応といい、これを利用して材料を練り混ぜて型枠の中に流し込み、コンクリートの壁や柱をつくるのです。強度や耐性の向上、凝結速度の調整を行なう際には薬剤を混入させて調整します。セメントの量が多く、水が少ない方がコンクリートの強度は増しますが、水の量が少なすぎると今度は型枠に流し込む作業に支障が出てしまいます。

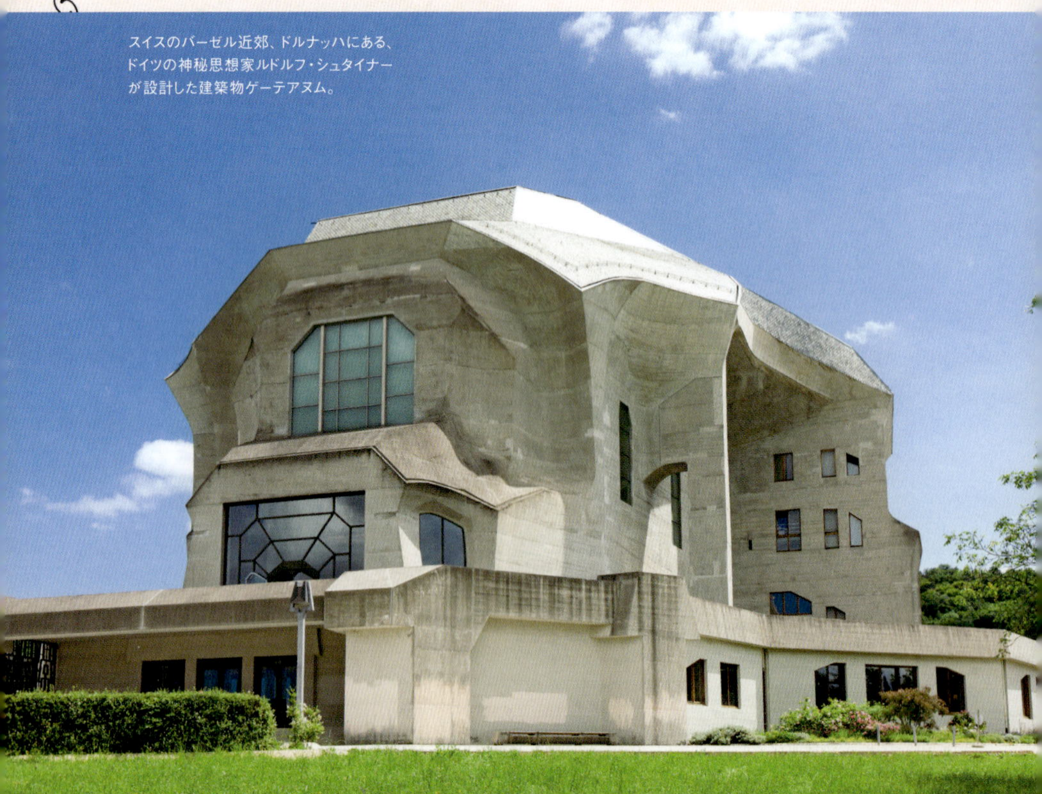

スイスのバーゼル近郊、ドルナッハにある、ドイツの神秘思想家ルドルフ・シュタイナーが設計した建築物ゲーテアヌム。

Q2 日本で見られるコンクリート建築で有名なのは？

A たとえば、光の教会が有名です。

大阪府茨木市にある光の教会は、日本の建築家・安藤忠雄の設計により建設されました。「打ち放し」のデザインは安藤建築の大きな特徴のひとつです。

コンクリートの壁に穿たれた十字架のスリットから、陽光が差し込む光の教会。室内に入る光が極力抑えられることで、浮かび上がる十字架をより荘厳に感じる効果をもたらしています。

★COLUMN★

東京駅がレンガ造りになった理由

東京駅の設計を担当したのは、明治〜大正にかけて活躍した日本人建築家・辰野金吾です。当初、東京駅は最新技術であったコンクリートによる建設が予定されていましたが、まだ固まっていない状態の「フレッシュコンクリート」を見た辰野はその性能を疑問視し、レンガと鉄骨を使って構築することにしました。その結果生まれたのが、現在見られる赤レンガの東京駅でした。

21世紀に入ってからの修復で、建設当初の外観を取り戻した東京駅の駅舎。

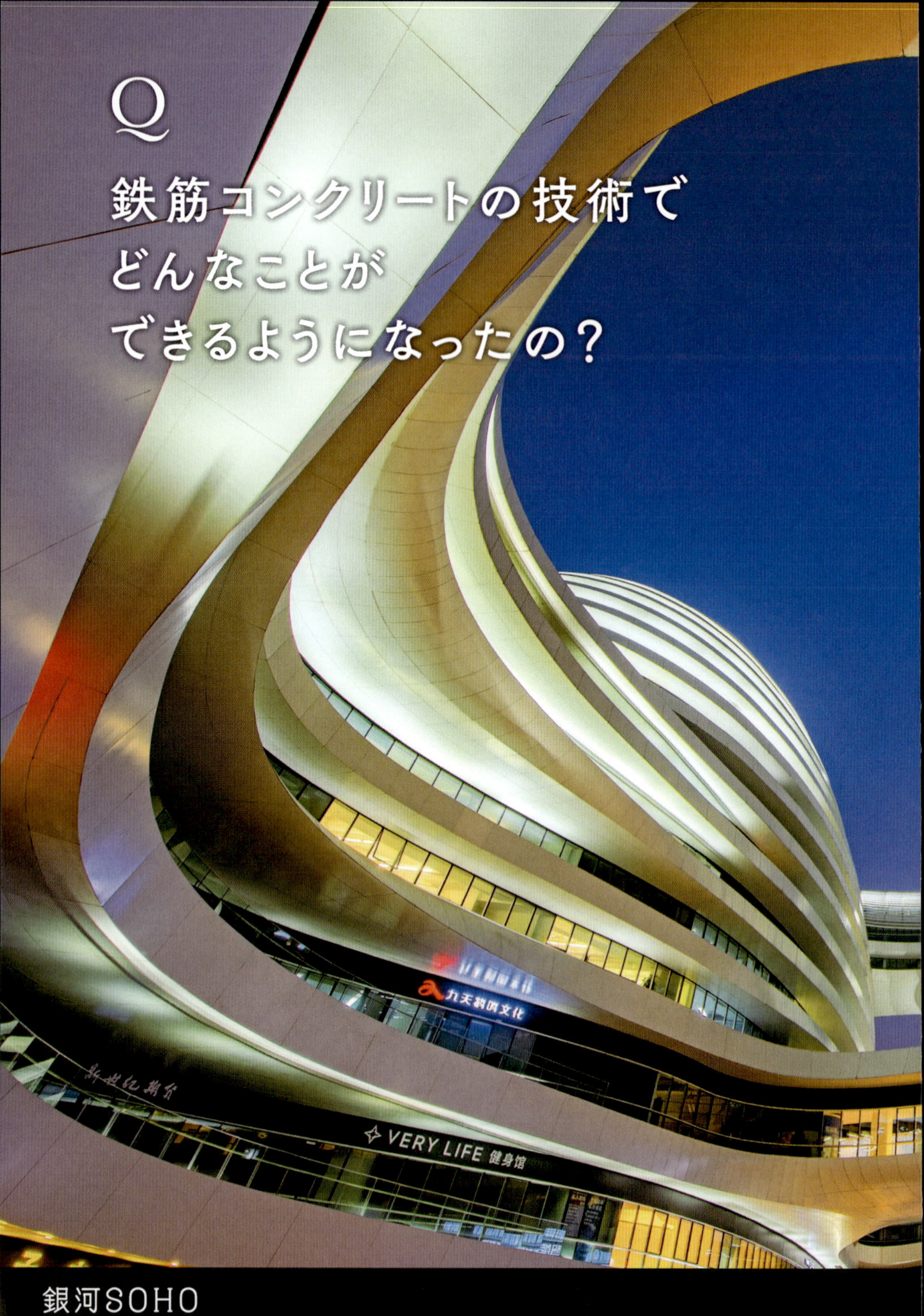

Q

鉄筋コンクリートの技術でどんなことができるようになったの？

銀河SOHO

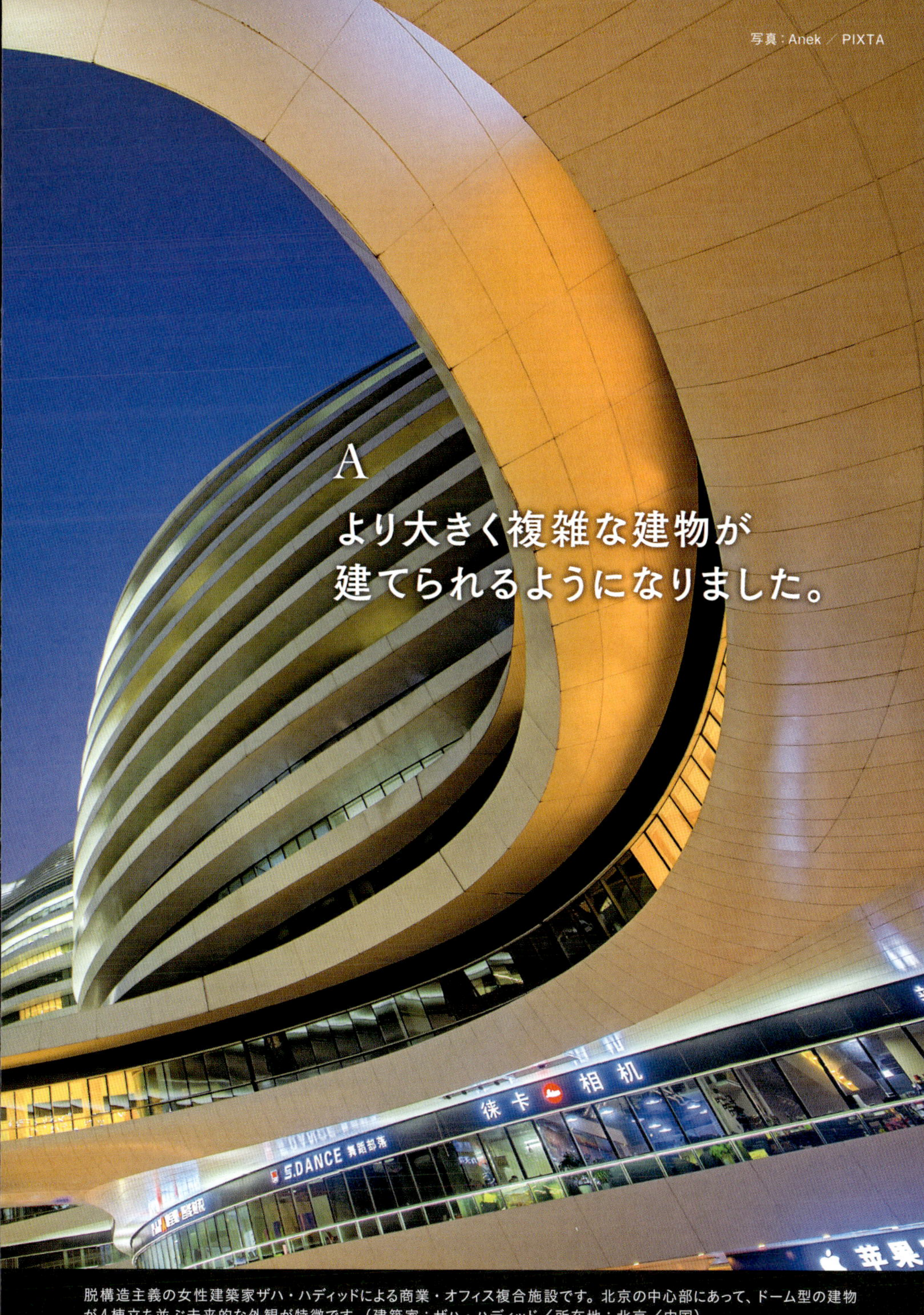

脱構造主義の女性建築家ザハ・ハディッドによる商業・オフィス複合施設です。北京の中心部にあって、ドーム型の建物が4棟立ち並ぶ未来的な外観が特徴です。（建築家：ザハ・ハディッド／所在地：北京／中国）

お互いの長所を活かして、お互いの弱点を補う建材です。

押されると強く、引っ張られると弱いコンクリート、
押されると弱く、引っ張られると強い鉄筋——。
これらを組み合わせ、両者の長所を生かした建材が鉄筋コンクリートです。
錆びやすく熱に弱い鉄筋の短所を、
強いアルカリ性と耐火性を持つコンクリートで覆うことで補っているのです。

Q1 日本で最初に鉄筋コンクリート造の集合住宅が建てられたのは?

A 軍艦島としても有名な端島です。

軍艦島の名で知られる九州の長崎港南西の沖合に浮かぶ端島は、面積6.3haほどの小さな島です。この島では、大正時代のはじめ頃から、炭鉱の採掘を生業とする人々がアパート生活を始めていましたが、火災を防ぐために建物は木造から、木造とコンクリートを組み合わせた混構造へ移行。1916年には、鉄筋コンクリート造(RC造)の集合住宅、「30号棟」が建てられました。当初は4階建てでしたが、その後、増築されて7階建てとなります。さらに1944年には地上10階地下1階で、317戸を持つRC造の「65号棟」が完成しました。

軍艦島のRC造の集合住宅、「30号棟」の跡。

Q2 鉄骨と鉄筋は、どう違うの?

A 文字通り、鉄骨は「骨」、鉄筋は「筋」です。

鉄骨は、板状の鉄材を組み合わせた鋼材。横からみるとH型やI型をしていて、柱や梁として用いられます。一方、鉄筋は細い棒状(丸棒)の鉄材で、コンクリートの中に埋め込まれ、鉄筋コンクリートとして用いられます。

Q3 鉄筋コンクリートに弱点はないの？

A ひび割れが起こりやすいことです。

コンクリートにひび割れが起こると、水分が浸入して内部の鉄筋が腐食したり、凍結融解を起こしたりするなど、建材が劣化する原因となる現象が起こります。そのほか、コンクリートは固まるまでに時間がかかり、施工も複雑なため、工事期間が長くなります。また、鉄骨造と比べて自重が重いことなども短所のひとつでしょう。

Q4 現在、もっとも頑丈な工法はなに？

A 鉄骨鉄筋コンクリート造（SRC造）です。

鉄骨の周囲に鉄筋を配し、その周囲に型枠を組んでコンクリートを流す構造方式で、鉄骨と鉄筋コンクリートの長所が互いに生かされています。しかし、どの構造よりも重くなるため、超高層ビルの下層階に用いられ、上階の重さを支える役割を担っています。

ペトロナスタワーは、88階建てのツインタワー。伝統的なイスラム美術のデザインをモチーフとして、円形と八角形の平面を組み合わせたデザインとなっています。（建築家：シーザー・ペリ／所在地：クアラルンプール／マレーシア）

COLUMN 2

住んでみたい ユニーク集合住宅

カサ・ミラ

19世紀から20世紀にかけて活躍したカタルーニャ出身の建築家アントニオ・ガウディの作品。直線部分をほとんどもたない建造物で、世界遺産にも登録されています。約300㎡の中に8室が設けられ、現在でも4世帯が居住しています。(建築家：アントニオ・ガウディ／所在地：バルセロナ／スペイン)

キューブハウス

キューブ（立方体）を六角形の支柱を用いて持ち上げ、地面に対して45度傾けて並べた集合住宅です。ロッテルダムのブラーク駅から公共広場を横切る歩道橋の上に設置された建築で、街のシンボルとなっています。
(建築家：ピエト・ブロム／所在地：ロッテルダム／オランダ)

アビタ67

地中海や中東の丘に建つ町並みをモチーフに設計された集合住宅です。居住空間は350以上のプレハブによるユニットからなり、通路やエレベーター・階段によって結ばれています。総数148戸からなり、全体が3つに区分けされ、ピラミッドが並んだような佇まいを見せる建築です。（建築家：モシェ・サフディ／所在地：モントリオール／カナダ）

シロダム

アムステルダムのアイ湾沿いに建つ集合住宅です。10階建て、奥行き20mの空間に商業施設・オフィスと住宅が混在するのが特徴です。洋上に建ち、ボートでのアクセスも可能。コンテナを積んだような外観で、海に面してテラスが張り出しています。（建築家：MVRDV／所在地：アムステルダム／オランダ）

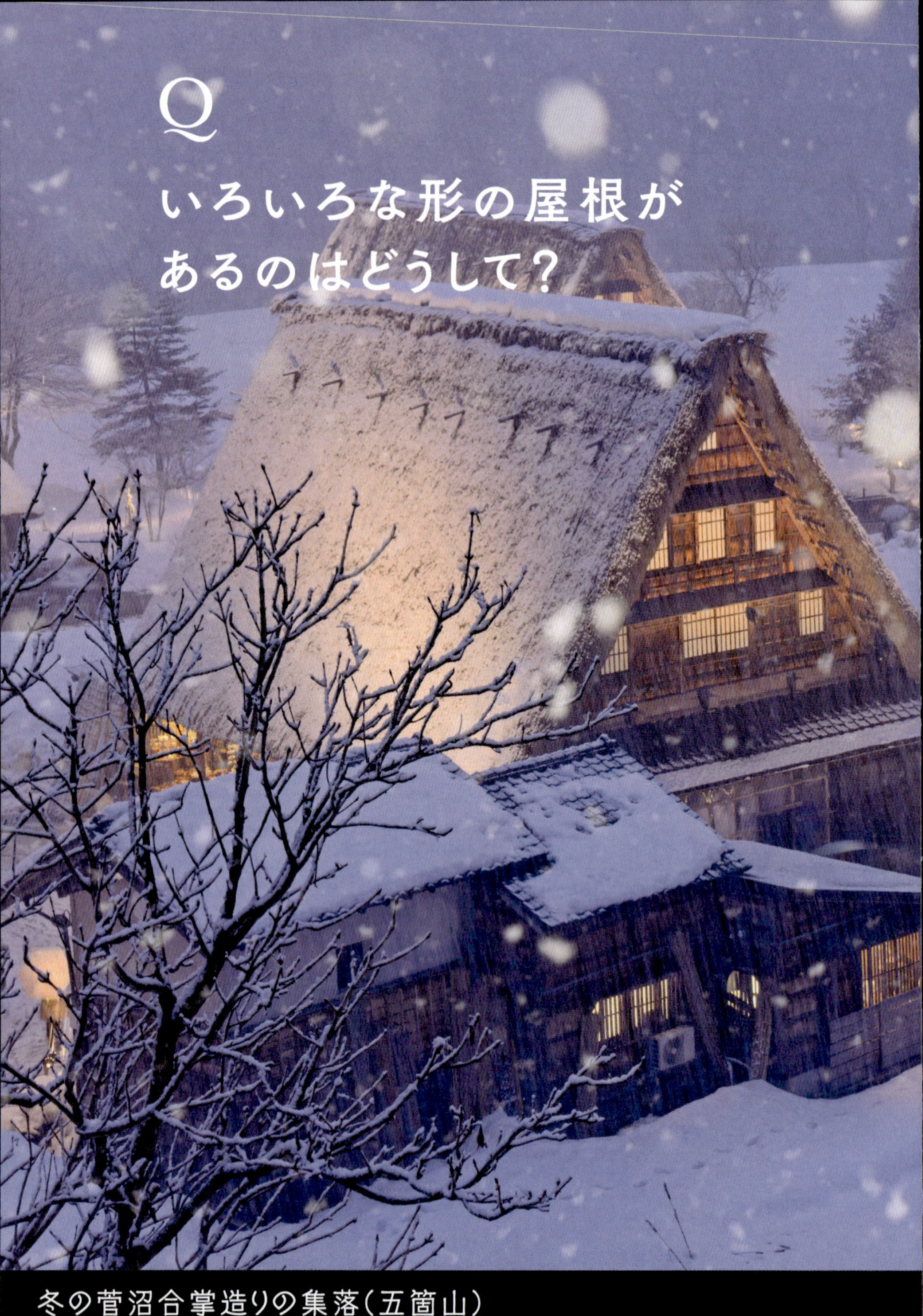

Q
いろいろな形の屋根が
あるのはどうして？

冬の菅沼合掌造りの集落（五箇山）

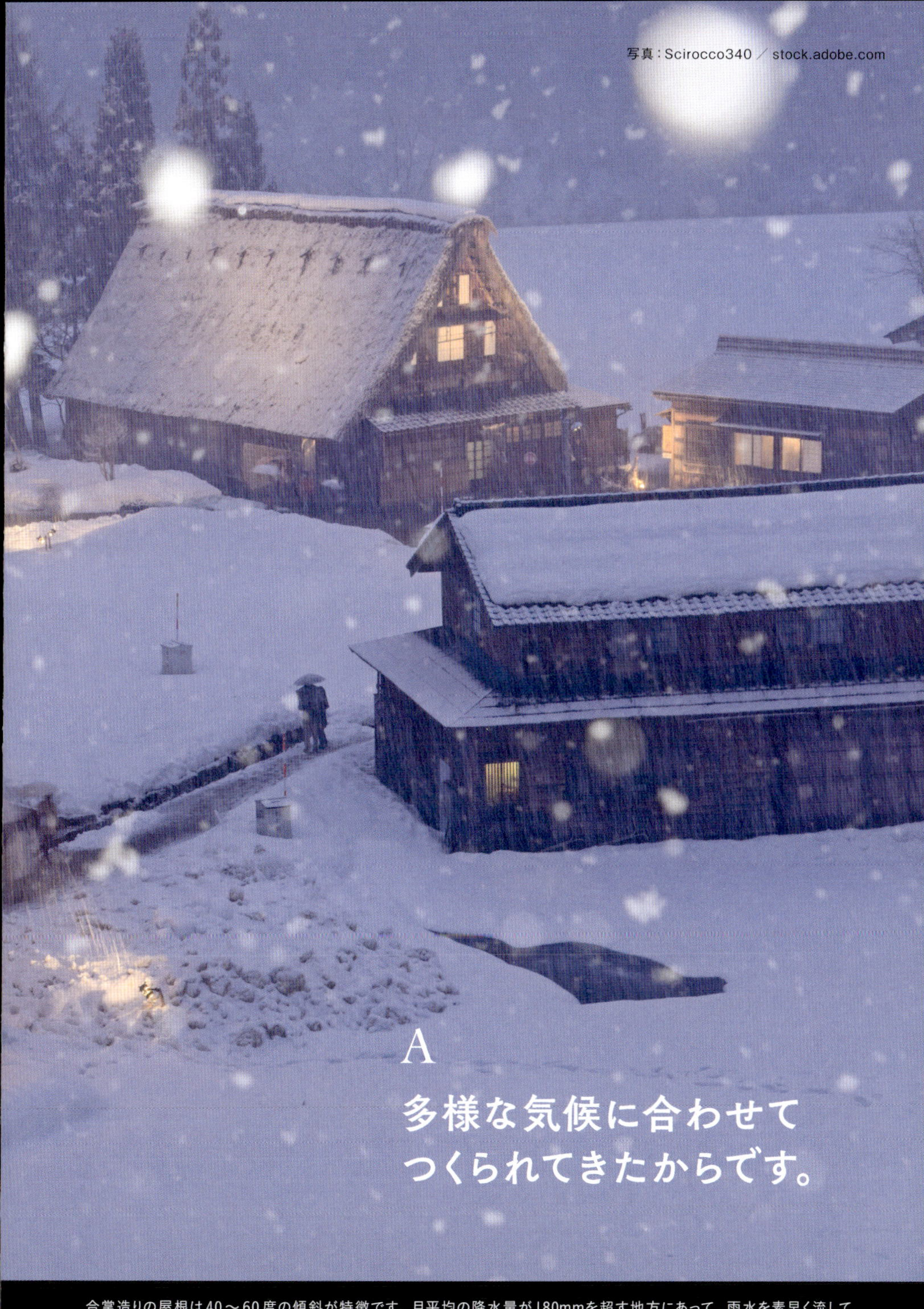

写真：Scirocco340 ／ stock.adobe.com

A

多様な気候に合わせてつくられてきたからです。

合掌造りの屋根は40～60度の傾斜が特徴です。月平均の降水量が180mmを超す地方にあって、雨水を素早く流して、日照によって短時間で乾燥させる工夫とされます。一方、屋根裏は養蚕と塩硝づくりのために多層化したといわれます。（富山県）

屋根は、形もさまざま、活用法もさまざま。

建築の屋根の形はさまざまです。
これは有史以来、人類が美しさだけではなく、
気候に応じた機能性と耐久性を追及してきたためです。
「切妻（きりづま）」「寄棟（よせむね）」「片流れ（かたながれ）」など、
バラエティー豊かな屋根の形には、人類の知恵が詰まっているのです。

Q1 切妻屋根と寄棟屋根はどうやって見分けるの？

A 屋根が何面でできているか数えてみましょう。

2面ならば切妻屋根、4面ならば寄棟屋根、1面ならば片流れ屋根です。さらに、寄棟屋根の上に切妻屋根が乗ると入母屋（いりもや）屋根、寄棟屋根の頂点がとんがってピラミッド状になると方形（ほうぎょう）屋根といいます。また、腰折れは切妻の勾配が２段になった屋根です。

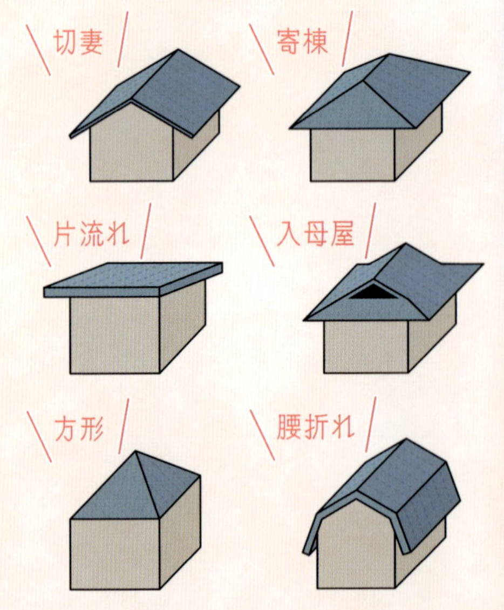

多様な形をした赤い屋根が日差しを浴びて輝くドゥブロブニク旧市街。（クロアチア）

Q2 屋根の活用法について教えて。

A 住宅なら緑地や太陽光発電に、
ビルならヘリポートや駐車場などに使われます。

傾斜のある屋根にもさまざまな活用法が古くから見られます。ギザギザののこぎり屋根は、各地の繊維工場で見ることができ、傾斜を利用して光を工場内に取り入れています。68ページのような合掌造りの家屋では、屋根を急角度にすることで雪の重さに耐え、屋根裏には作業場を設けてスペースを有効活用しています。

Q3 階段にはどんな種類があるの？

A 直進階段、曲がり階段のほか、
中折れ階段、螺旋（らせん）階段などがあります。

直進階段は下階から上階までを一直線に結び、曲がり階段は途中の踊り場から角度を変えます。また、折り返し階段は、踊り場から逆方向に上る構造の階段です。意匠的性格が強い螺旋階段は、最も平面積が少なくて済む階段で、柱を中心に回転しながら上り下りする階段です。こうした階段の種類の選択には、設置スペースの面積が大きく関わります。

1932年に完成したヴァチカン美術館（ヴァチカン市国）内にある螺旋階段。二重の螺旋で構成されており、上る側と下りる側がぶつからないように設計されています。

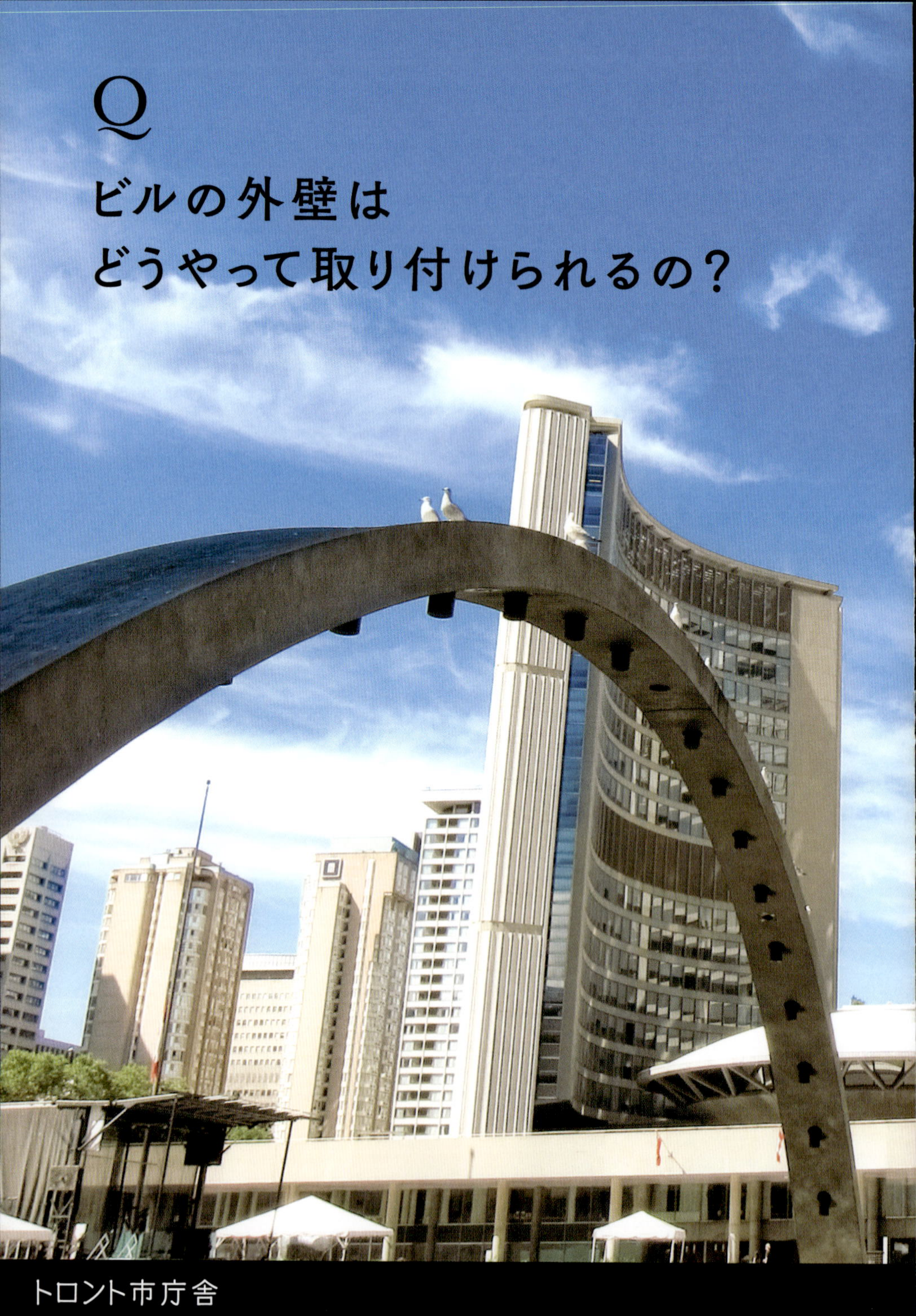
Q
ビルの外壁は
どうやって取り付けられるの?
トロント市庁舎

写真：eranda ／ stock.adobe.com

A
じつは、ぶら下がっています。

現在用いられている鉄骨造の超高層ビルの外壁のほとんどは、鉄骨や鉄筋コンクリートでできた骨組みにはめ込む仕組みになっています。外壁はビルの重さを支えていません。住宅のカーテンのように骨組みにぶら下がっていることから、これを「カーテンウォール」と呼びます。

ドーム型の天井を持つ円形会議堂と、2棟の湾曲した高層ビルが囲むトロントの市庁舎です。ガラス壁が大きく湾曲したデザインは、建物の荷重を直接支える必要のないカーテンウォールだからこそ実現しました。超高層ビルのような背の高い建物の形を自由に提案できるのは、カーテンウォールのおかげなのです。
（建築家：ヴィルヨ・レヴェル／所在地：トロント／カナダ）

建物の骨組みを囲む、壁と窓の新しい可能性に注目。

窓や壁は、建物を火災や地震、突風などから守り、
窓は光を取り入れて建物内を明るく照らしてくれたりもします。
近年では省エネにも大きく貢献するようになってきており、
建築物において重要度が増しているパーツでもあります。

Q1 同じ面積でも広く感じる部屋と狭く感じる部屋があるのはなぜ？

A 壁の長さや奥行のほか、天井の高さによって、狭く感じたり、広く感じたりします。

Q2 高層ビルのガラスが、強風で割れることはないの？

A 厚い強化ガラスを二重にし、フィルムを挟むことで強度を高めています。

強化ガラスは、加熱と急冷でつくり、同じ厚さのガラスの３～５倍もの強度を出しています。万が一割れても、破片は粒状になり、飛散防止フィルムも加わって安全性を高めています。そして、窓枠には変形を吸収するゆとりが設けられていますから、ガラスはより割れにくく、窓枠が脱落しないようにつくられているのです。

ロシアのモスクワ国際ビジネスセンター内にある高層ビルのエヴォリューション・タワー。各フロアを3度ずつねじる設計で、強風でねじれたわけではありません。最上階は135度回転しています。

2017年、ドイツ・ハンブルクのハーフェンシティ地区にオープンしたコンサートホール「エルブフィルハーモニー・ハンブルク」はスイスの建築家ユニット、ヘルツォーク&ド・ムーロンの設計。

3Q ガラス貼りのビルの中は暑くないの？

A むしろ快適です。

ビルの外壁を覆うガラスの多くは、赤外線を含む光を反射させる「熱反射ガラス」や、赤外線を吸収する「熱吸収ガラス」です。超高層ビルでは２枚のガラスに空気を挟んだ「ペアガラス」がよく使われます。これらは室内の温度を上げ下げするよりも、むしろ空調の負荷を下げる効果が大きく、熱をコントロールする役割を担っています。

4Q 超高層のオフィスビルの窓は、開けられないの？

A 窓が開くビルも増えています。

窓が開かなければ、空調機器で温度をコントロールする設計がしやすくなり、強風が入り込んで室内の書類が散乱するなどの心配がありません。しかし、環境意識の高まりによって、自然換気ができる超高層のオフィスビルが設計されるようになってきています。これにより外気を感じることができ、省エネ効果も高まります。

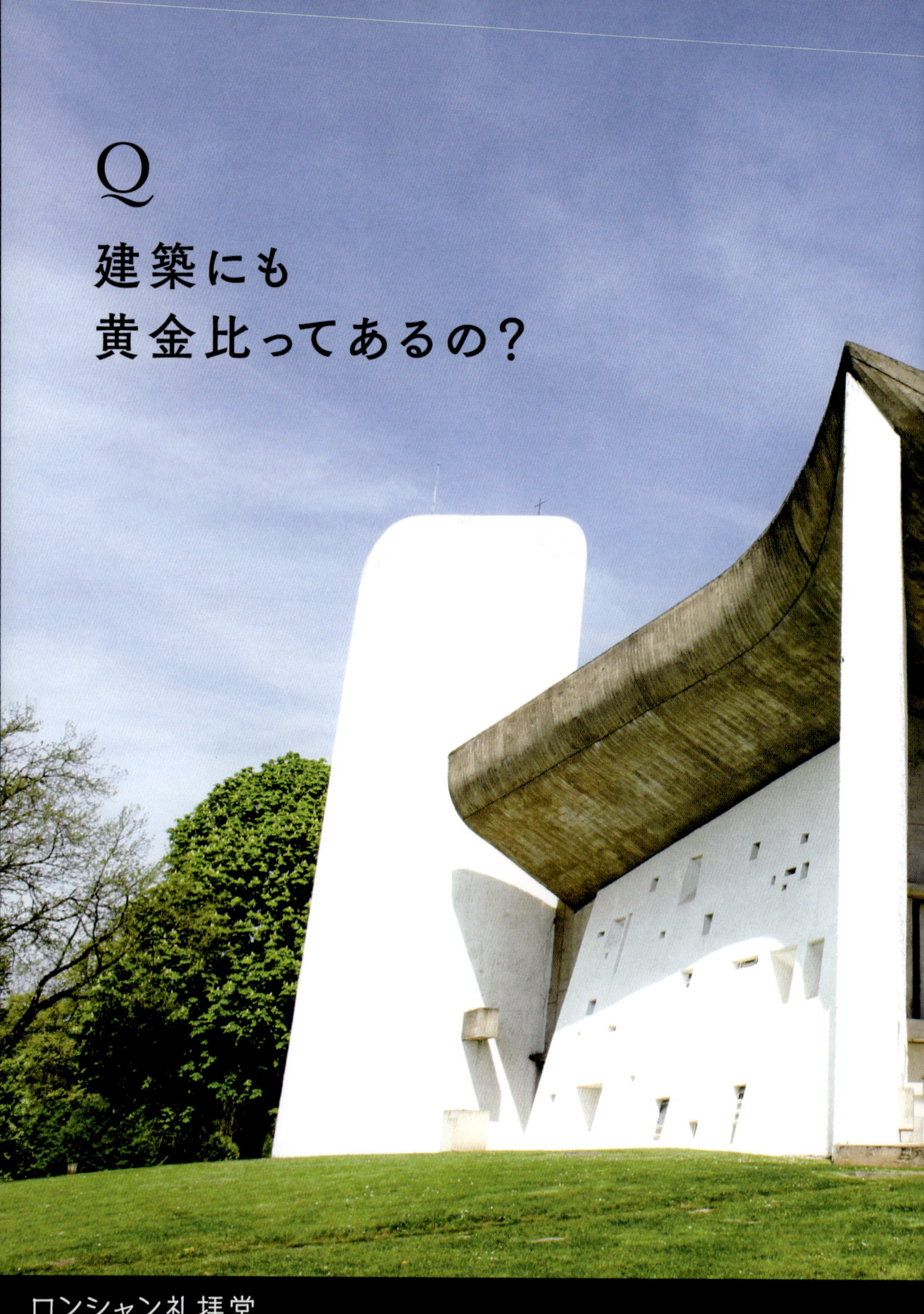

Q
建築にも黄金比ってあるの？

ロンシャン礼拝堂

写真：keyko／PIXTA

A

あります。

黄金比とは2辺の対比が1:1.618になる比率のこと。
ロンシャン礼拝堂の設計にも用いられています。

ロンシャンの丘の上に立つ正式名称ノートルダム＝デュ＝オー礼拝堂。対称性を重視する伝統的な教会建築ではなく、不規則な外郭線に彩られた自由な設計となっているのが特徴です。
（建築家：ル・コルビュジエ／所在地：ロンシャン／フランス）

人間の身体を基準にして、建築の寸法は決まっています。

ル・コルビュジエは、黄金比と人体のプロポーションから、
建築の真理ともいうべき寸法を導き出したことで知られています。
この体系に基づいて設計したのが、
76ページのロンシャン礼拝堂です。
ちなみに、このような寸法のことを「モデュロール」と呼びます。

Q1 モデュロールは、実際にどこで使われるの？

A 家具から建築、さらには都市計画まで幅広く使われます。

隣り合う2項の比が一定である等比級数なので、大小さまざまなスケールに幅広く適用されます。黄金比を加えたり、引いたり、倍にすることで、だれでも美しい比例がつくれるツールといえます。

ロンシャン礼拝堂の内部は、ステンドグラスを通して差し込んでくる太陽光により、神秘的な雰囲気になります。窓の開口部の寸法もモデュロールの寸法体系によって計算されています。

Q2 サグラダ・ファミリアの設計の特徴を教えて。

A 逆さ吊りにした紐の曲線をモデルにして柱の形や傾きが設計されています。

網目状の紐におもりをつけてぶら下げて描かれる曲線こそが、自然な形になるとガウディは考えました。図面をあまり重視せず、10分の1の詳細な石膏模型を制作しています。ガウディの没後、図面や建築模型の多くは戦乱などによって焼失しましたが、わずかに残された資料などを参考にいまも建設が続けられています。

2026年の完成を目指して工事が続くバルセロナのサグラダ・ファミリア。（バルセロナ／スペイン）

Q3 建築士と建築家は違うの？

A 建築士は国家資格、建築家は職能です。

日本でいう建築家は、音楽家や画家のように公共の資格ではなく、職能を示しています。建築士の資格は、設計できる建物の規模に応じて、一級建築士、二級建築士、木造建築士に分かれています。一級建築士には、デザインの専門家だけでなく、建物の強度を設計する構造設計、空調・電気・水道などを設計する設備設計の専門家もいます。このうちデザインを専門とする人が建築家と呼ばれているのです。

Q4 建築の設計図は誰が描くの？

A デザインの方針は、建築家や建築士が設計図として描きます。

基本設計図から詳細に設計を進めるなかで、構造と設備の設計図、デザインの詳細図を建築士が分担して描きます。工事に入るときには、「施工管理技士」が工事のための「施工図」を作成します。近年の大規模な建築では、構造や設備から部材それぞれの情報まですべてコンピュータで立体モデルとして管理されるようなり、設計変更による図面描き直しの手間が大きく減りました。これは「BIM（ビム／ビルディング・インフォメーション・モデリング）」と呼ばれます。

Q 現代建築に、昔の建築方法が活かされることはもうないの？

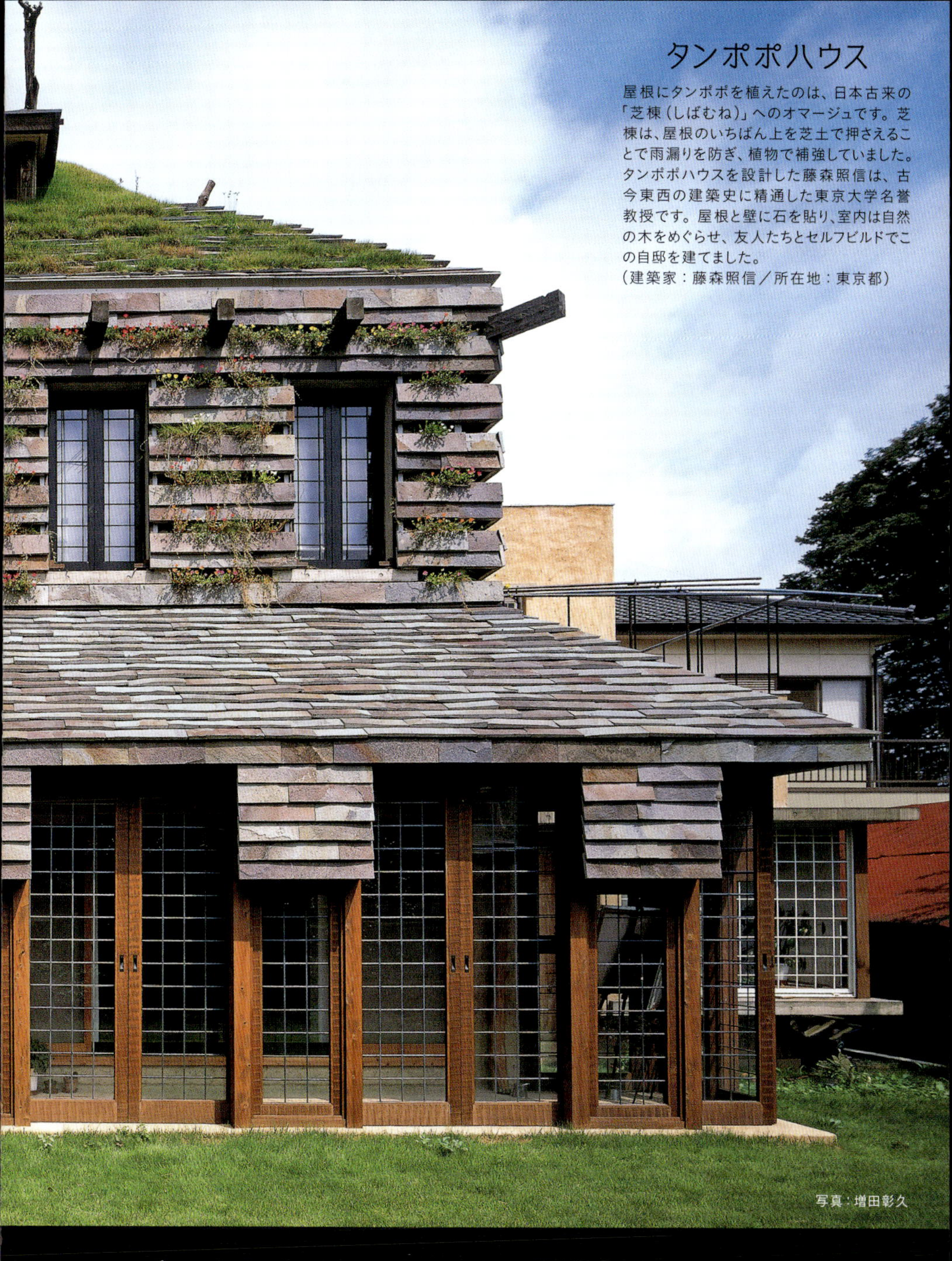

タンポポハウス

屋根にタンポポを植えたのは、日本古来の「芝棟（しばむね）」へのオマージュです。芝棟は、屋根のいちばん上を芝土で押さえることで雨漏りを防ぎ、植物で補強していました。タンポポハウスを設計した藤森照信は、古今東西の建築史に精通した東京大学名誉教授です。屋根と壁に石を貼り、室内は自然の木をめぐらせ、友人たちとセルフビルドでこの自邸を建てました。
（建築家：藤森照信／所在地：東京都）

写真：増田彰久

A そんなことはありません。

地域特有の風土を反映したデザインや技術が、現代建築でも見直されつつあります。

過去の遺産が息づく現代の建物もあります。

洋の東西を問わず、先人たちは長い歴史の中で工夫を重ね、
暮らしている土地の風土に合わせた建築を生み出してきました。
近年、そこに普遍性を見出す建築家が増えています。

Q1 土着の建築方法には、どんなメリットがあるの？

A 環境負荷を抑えた省エネ建築になることです。

気候風土に合わせた建築は、必然的に環境から受ける負荷が軽減されます。また、その土地で採集される素材が使用されるため、結果的に建物のエネルギー消費が抑えられることになります。こうした建築は「ヴァナキュラー建築」と呼ばれ、主に住宅建築で見ることができます。

中国福建省南西部の山岳地域にある、客家らによって築かれた福建土楼は、ヴァナキュラー建築の典型的な例です。

Q2 住宅が建つまでの流れを教えて！

A 基本設計が行なわれたのち、地盤を固め、基礎から工事が始まります。

住宅メーカーや地域の工務店に設計を依頼するケースが一般的ですが、大規模建築やデザイン性の高い建築に関しては、ゼネコンや設計事務所に依頼することもあります。まず建築主の要求事項を整理して、部屋の大まかな間取りや天井の高さなどを具体化し、これに基づき基本設計が行なわれます。ここで平面図や断面図、1/100程度の模型が制作されて建築の全体像が確定します。その後、見積もりが取られ、地盤調査ののち、基礎から工事が始まります。

住宅工事の流れ

❶ 基礎工事
地盤を固めたのち、型枠を設置し、コンクリートを流し込む。

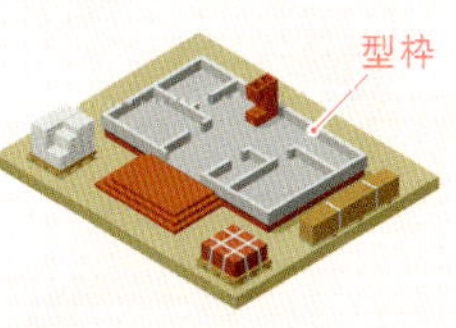

❷ 躯体工事・外装工事
土台、柱、梁を組み立てて骨組みをつくったのち、外装と屋根をつけていく。

❸ 内装工事
天井・壁・床を仕上げていく。

Q3 緩い地盤はどうやって解消するの？

A 杭を打ち込むか、地盤そのものを改造します。

地盤を改良する方法は主に2つ。硬い地盤が緩い地盤のすぐ下にある場合は、表面の緩い地盤を掘り起こして、セメントなどを流し込みます（表層改良）。緩い地盤が深くて硬い地盤まで距離がある場合は、住宅の基礎部分に沿って地面を筒状に掘り、セメント系固化材を流し込んで地中に柱状の支えを作ります（柱状改良）。

ピサの斜塔の傾きは、塔を支える地盤が軟弱だったうえ、一説によれば、基礎にかかる荷重が傾斜によって不安定になり，転倒していったとされています。

Q 太陽の光は現代建築のデザインに関係しているの？

ヨーロッパ地中海文明博物館

フランス最大の港湾都市マルセイユに建つ博物館。建物の周囲を鉄の繊維入りのコンクリートによって網目状のファサードで覆い、太陽光が館内にたゆたう波のような幻想的な影をつくり出します。
（建築家：ルディ・リチオッティ／所在地：マルセイユ／フランス）

A 外観と内部のデザインを決定づけることもあります。

照明器具が発達した現在でも、太陽の光は室内を明るくするだけでなく、空間の特徴を生み出す大切な手がかりとなっています。

建物の照明も、太陽の光がいちばんです。

日中の太陽光を利用して室内を明るくすることを「昼光照明」といいます。
太陽光は季節や時刻、さらには方位によって変化するため、
住宅の採光計画では太陽光を効率的に、
かつ長時間にわたって取り入れられる工夫が施されています。

Q1 採光の工夫には、ほかにどんなものがある？

A 天窓を使って採光する方法がよく用いられています。

ドイツ国会議事堂（ライヒスターク）のシンボルとなっている巨大ドームのガラスは、太陽の動きに合わせて角度を変え、直射日光を議場に入れないようにしつつ、議場を常に光で満たすよう設計されています。

ライヒスタークの議事堂中央ドーム。議事堂はベルリンの壁崩壊を機に大改修が行なわれ、現在の姿になりました。
（建築家：ノーマン・フォスター／所在地：ベルリン／ドイツ）

Q2 住宅の風通しをよくする方法は?

A 高い場所と低い場所の窓を開けます。

温かい空気は、冷たい空気よりも軽いため、上昇していきます。この自然対流の性質を換気に活かし、冷たい空気を低い位置の窓から取り入れて、温まった空気を高い位置の窓から出すのです。

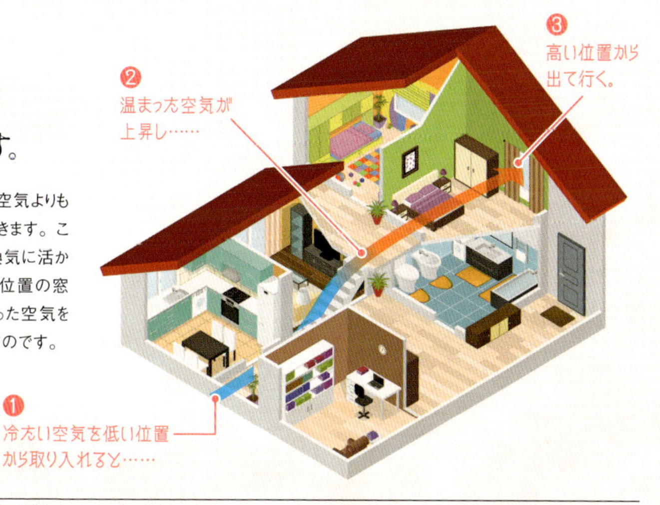

❶ 冷たい空気を低い位置から取り入れると……
❷ 温まった空気が上昇し……
❸ 高い位置から出て行く。

Q3 エネルギー消費を抑えるために、行なわれている工夫を教えて。

A 地中熱を利用したヒートポンプなどがあります。

その名の通りの意味となる「熱のポンプ」は、冬場は地中の熱を冷たい室内に移動して暖房にし、夏場は地中に熱を捨てることで室内を冷房にします。また、バイオマス発電の燃料には、家庭から出るごみや食用廃油、あるいは地域産業で出される廃材や廃液、家畜のふん尿などが使われます。サステナブル(持続可能)な環境づくりには、石油や天然ガスなどの有限な資源の利用を抑え、再生可能なエネルギーの有効活用が求められます。家庭で必要な電力のうち、太陽光発電などの自家発電設備による創エネが80%、高断熱による省エネが20%で、実質的な消費エネルギーをゼロに抑える「ゼロエネルギー住宅」も積極的に推進されています。

建物の緑化も環境配慮型デザインの手法のひとつ。イタリアのミラノに建設された集合住宅ボスコ・ヴェルティカーレ(垂直の森)は、27階建てと19階建てのツインタワーで、2棟のバルコニーには、合わせて900本の中高木、5000本の低木、1万1000株の花が植えられ省エネ効果を高めています。

Q 超高層ビルって、どのくらいの高さから?

ドバイの超高層ビル群

写真：Caters News ／ AFLO

A じつは60mとされていました。

日本の建築基準法における定義は、高さ60m超と記述されていましたが、2007年の法改正で削除されています。

世界の富裕層が集まるドバイでは超高層ビルの建設ラッシュが続いています。（ドバイ／アラブ首長国連邦）

1,000mビルが実現する現代でも、「超高層」の定義は意外に低い!?

60mというと、概ね20階建てになります。
かつての建築基準法に規定されていた数字ですが、
いまでは当たり前の高さになりました。
当然、建築物は、高さが増せば増すほど、
地震や風圧で受ける影響も大きくなります。
そんな強い圧力に耐えるために、高層ビルではさまざまな工夫が施されています。

Q1 クレーンが届かない高さのビルってどうやってつくっているの?

A クレーンを上へ伸ばすか、昇らせます。

クレーンを支えるマストを建物に沿って設置し、マストを段階的に上へと継ぎ足す「マストクライミング方式」と、クレーン自体を尺取り虫のように昇らせる「フロアクライミング方式」があります。尺取り虫型では、建設中の最上階のフロアにクレーンをいったん固定させ、マストとベースを縮めるようにして引き上げていきます。

建設時の超高層ビル「マハナコン・タワー」。地上からはクレーンの届かない最上階に設置されたクレーンが作業を行なっています。(建築家:オーレ・シェーレン/所在地:バンコク/タイ)

Q2 超高層ビルは、どうやって支えている？

A 脊椎動物のように背骨を通すか、甲殻類のように殻で支えています。

背骨にあたるのが鉄筋コンクリートによるコア壁で、その周囲を肋骨のように鉄骨の柱と梁が支えます。外側の殻によって水平力を支えるチューブ構造は、室内に柱が少なくて済みます。高層マンションの外観に柱と梁が露出するのはこの工法が適しているためです。さらに、超高層ビルでは、大きな柱と梁による大架構で複数のフロアを支えるメガストラクチュアが用いられます。

シカゴ（アメリカ）を代表する高層ビルのひとつジョン・ハンコック・センタービル。チューブ構造によって設計された100階建て457mのビルです。

Q3 現代の技術で建物はどこまで高くできるの？

A 2,000mといわれています。

サウジアラビアで建設中のジッダ・タワーは、高さ1,000mを超える設計です。また、ドバイでは高さ2,400mのタワーが計画されています。バブル期の日本で提案された高さ10,000mの東京バベルタワーは、必要な土地が山手線の1周分、建設費用が3,000兆円、建設期間は150年以上でした。土地の収用や資金の調達などの具体策を無視すれば、建設技術としては不可能ではないといわれました。もちろん、ビルが高くなるほどエレベータの待ち時間は長くなり、その解消のために台数を増やすと居住スペースが狭くなります。窓の掃除、給排水、避難経路の確保などの課題も大きくなり、建設費用の回収は難しくなる一方です。経済的な合理性の観点では、高さ1,000mがひとつの限界の目安とされています。

2019年現在、世界で最も高い建築物であるブルジュ・ハリファ。高さは828mで、163階建て。中央にコア部分が設定され、3方向に広がる構成部分がコアを支えています。（ドバイ／アラブ首長国連邦）

Q

斜めに立つ建物が倒れないのはなぜ?

プエルタ・デ・エウローパ

写真：John Warburton-Lee ／アフロ

A
重さのバランスを内部で取っているからです。

斜めにせり出した高層部の重さは、反対側にせり出した下層部の重さで引っ張るようにしてバランスが保たれています。

15度の傾きを持つ115mのツインタワー。カステジャーナ大通りに覆いかぶさるかのようにして「ハ」の字型に向かい合う姿がその名の「ヨーロッパの門」を体現しています。
（建築家：フィリップ・ジョンソン、ジョン・バーギー／所在地：マドリード／スペイン）

最近のビルは、傾いていても倒れません。

これまでビルは垂直にそびえるのが当たり前でしたが、
近年は傾いているビルがたくさん登場しています。
倒れてしまわないか見ていて心配になりますが、
両サイドに同じ重量をかけるなどの仕組みで安定しているのです。

Q 最も傾斜のある高層ビルの傾きは何度？

A アブダビにあるキャピタル・ゲートは、18度も傾いています。

キャピタル・ゲート（アラブ首長国連邦）は、高さ160m、地上35階の高層ビルで、「世界一大きく傾いた建造物」としてギネス世界記録に認定されています。ちなみに地盤沈下によって傾いているピサの斜塔の傾きは、3.99度です。

キャピタル・ゲートがギネス認定されるまで、「世界一大きく傾いた建造物」だったズールフーゼンの斜塔。（ドイツ）

最大18度の傾きを持つキャピタル・ゲート。

Q2 ビルはどうやってまっすぐ建てるの？

A 測量を行ないながら建てていきます。

数階分を建てるごとに鉄骨の傾きを測定し、歪みを調整していきます。かつては、糸の端におもりを吊るした「下げ振り」を使って測っていましたが、現在はレーザーなどによる測量機器を使うのが一般的になっています。

スウェーデンのマルメにそびえるオフィス兼アパートのターニング・トルソ。地上から屋上までの間に90度ねじられた独特のフォルムが目を引きます。（建築家：サンティアゴ・カラトラバ／所在地：マルメ／スウェーデン）

Q3 傾いたデザインのビルがなぜ増えたの？

A ダイナミックさが際立つからです。

傾いたデザインは「ティルトビル」といわれます。頂上にいくほど先細りになっていく「テーパービル」、ねじれて立ち上がる「ツイストビル」とあわせて「3T」とも呼ばれ、今世紀の超高層ビルのトレンドとなっています。天へと伸びる上昇感が強調され、直線的な超高層ビル群の中でランドマークとしての印象が強くなります。

フランク・ゲーリーによって設計されたプラハ（チェコ）のナショナル・ネーデルランデン・ビル。その外観から「ダンシング・ハウス」と呼ばれ、「ジンジャー&フレッド」の愛称でも親しまれています。一方のビルにもう一方がしなだれかかるような設計が特徴です。

Q 崖の上のような不安定な土地に大きな建物を建てることはあるの？

ニテロイ現代美術館

写真：モリゾ／ PIXTA

A 360°パノラマが楽しめる建物だってできます。

ただし、地震が多い日本では、地盤改良といわれる土地の補強がマストです。土を掘り出し、石灰やセメントと混ぜて固めた土を埋め戻したり、コンクリートの杭を地下の硬い地盤まで打ち込み、建物を支えます。

ブラジルの現代美術を集めたジョアン・サッタミニ・コレクションを収蔵するために建設された美術館で、グアナバラ湾を見下ろす崖の上に建てられました。美しい流線型のフォルムはニーマイヤー曰く「花をイメージした」ものだそうです。
（建築家：オスカー・ニーマイヤー／所在地：リオデジャネイロ／ブラジル）

自然と共存するか、それとも切り開くか——。

建物を建てるすべての土地が同じ条件であることはありません。
固い地盤がある一方で、地震に弱い緩い地盤もあります。
自然が多い土地もあれば、都市化が進んだ土地もあり、
水はけのよい土地があれば、悪い土地もあり、立地条件はさまざまです。
必ずしも建築に適した土地ばかりではありません。
建築は土地とどのように共存するのかも考えて建てられているのです。

Q1 自然を利用した建物にはどんなものがあるの？

A ライトの落水荘が有名です。

アメリカのペンシルベニア州にある落水荘は、森を流れる小川の上にせり出すようにして建てられた週末住宅です。川べりの巨石を利用して基礎をつくり、その上に3階建ての建物を建てています。(建築家：フランク・ロイド・ライト／所在地：ペンシルベニア州／アメリカ)

落水荘は、アメリカの建築家フランク・ロイド・ライトによって設計されました。1･2階のテラスはコアから伸ばされたキャンティレバー（片持ち梁）の床が川にせり出したもので、大木の上に立ったような気分が味わえます。

Q2 家を建てられない土地はあるの？

A 農地が広がる田園地帯や道路に接さない土地には建てられません。

日本では、田畑のままにしておくことが法律で指定された「市街化調整区域」は、電気や水道などが整備されていないことが多く、自治体の特別な許可がないと建物をつくれません。住宅が建てられる「市街化区域」にあっても、幅4m以上の道路に土地が2m以上接していなければ、家をつくれません。このような土地は、土地の形状から旗竿地（はたざおち）と呼ばれます。

大阪市のTKPゲートタワービル。ビルの中を阪神高速道路が貫通しています。ビルと高速道路の建設計画の時期が重なってしまったためこうなりました。

★COLUMN★

不思議な立地の街

古来、人々は身を守るために、驚異的な立地に建物を築いてきました。たとえば、潟の上に建設されたヴェネツィアも、もともとは異民族の襲撃から逃れた人々によって、敵襲のない場所が選ばれて築かれたものです。また、ギリシアの世界遺産のひとつメテオラは、切り立った崖の上に並ぶ修道院群ですが、これは修道士たちが隠棲するために住み着いたもの。トルコのカッパドキアは、キリスト教徒が弾圧から逃れて住み着き、岩を穿って地下都市を築いたことで有名です。

断崖絶壁の上に修道院が建ち並ぶ世界遺産メテオラ。

写真：野村哲也／アフロ

ビルバオ・グッゲンハイム美術館

チタン仕上げの外壁が躍動する美術館です。特異な外観の美術館は、開館と同時に注目を集め、鉄鋼業の衰退に伴い活気を失っていたビルバオ再生の契機ともなりました。
（建築家：フランク・ゲーリー／所在地：ビルバオ／スペイン）

ぐにゃぐにゃした不思議な建築も構造計算の賜物です。

ビルバオのグッゲンハイム美術館は、特異な外観が世界的に知られています。
ぐにゃぐにゃ歪んでいるからといってもろい建物というわけではありません。
強靭な建物を建てるため、さまざまな部材にかかる力を計算し、
材料強度に応じた骨組みの大きさを決めています。
この計算が「構造計算」と呼ばれるものです。

Q1 構造計算ってどうやってやるの？

A 地震や台風で建物が壊れないように、柱や梁の大きさを決めていきます。

1	建築家の設計図にもとづいて部材の大きさを仮決めします。これを計算用の「仮定断面」と呼び、経験豊かな構造設計者ほど、大きすぎない断面を設定することができます。
2	建物にかかる力を計算します。建物自体の重さ、家具、人、雪などの下向きにかかる力を割り出して、そこから地震や台風などの横向きの力を調べます。下向きと横向きの力に構造部材が耐えられるか、建物の傾きは許容範囲に収まるかを計算します。
3	階数が大きくなる場合には、上層部と下層部で建物の固さや重心のバランスがとれているかも算定します。バランスが悪いと地震や台風による建物の回転が大きくなり、部材にかかる力が増えてしまうからです。

Q2 構造計算をコンピュータでするようになり、建築はどう変わったの？

A アンバランスで歪んだ建物が建てられるようになりました。

コンピュータの計算により、曲がったり歪んだりした面にどれくらいの強度を与えたら安定するのかを正確に割り出すことができるようになりました。カナダの建築家フランク・ゲーリーは、設計にコンピュータを使うようになってから作品を大きく発展させ、ビルバオのグッゲンハイム美術館などの名建築を次々と建てるようになりました。

Q 建設費用は、なぜどんどん増えていくの？

オペラハウス

オーストラリアのシンボルともなったオペラハウスですが、着工から完成まで14年もの歳月を費やしました。
（建築家：ヨーン・ウツソン／所在地：シドニー／オーストラリア）

写真：John Warburton-Lee ／アフロ

A デザインが独創的になるほど、過去に建てた経験が少ないからです。

単純な箱型の建物なら、似たような建物がたくさん存在しますから、予算が正確に立てやすくなります。しかし、形状が複雑になるほど、構造計算や建設工事が煩雑になり、人手や時間が雪だるま式に膨れ上がっていく傾向にあります。

公共性が高い施設になるほど、コンペで建築家が選ばれます。

新国立競技場の建設でも注目されましたが、
巨大プロジェクトでは、なぜか建設費用がうなぎのぼりに増えていくことが少なくありません。
コンペの主催者はもちろん予算を綿密に調査して設定しているのですが、
先鋭的な建築は試行錯誤しながら建てられていくため、
費用のコントロールがどうしても難しくなっていきます。

Q1 建築家はどうやって大きなプロジェクトを受けるの?

A デザインや技術を提案するコンペ(建築設計競技)に参加します。

百貨店やオフィスビルのように民間企業がつくる建物は、建築家の実績で指名することもありますが、建物の公共性が高まるほど公平な競争で建築家が決まります。行政の庁舎はもちろんのこと、駅舎やスタジアムなどは民間企業が発注者であってもコンペが開催されることが多くなっています。

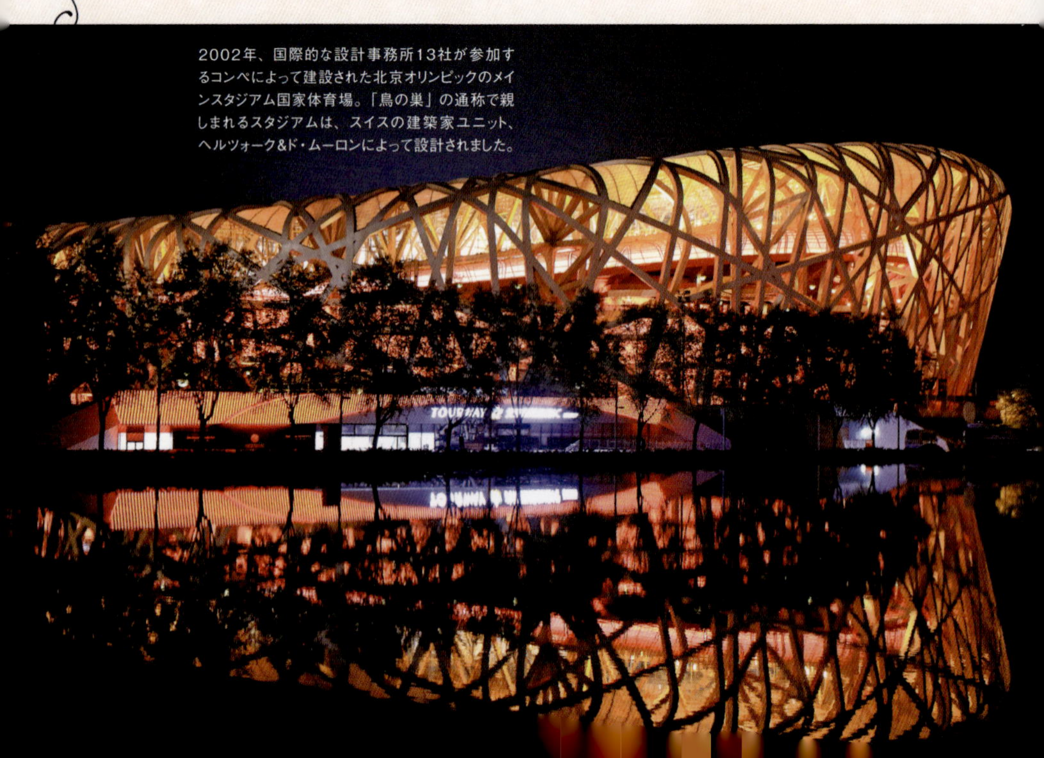

2002年、国際的な設計事務所13社が参加するコンペによって建設された北京オリンピックのメインスタジアム国家体育場。「鳥の巣」の通称で親しまれるスタジアムは、スイスの建築家ユニット、ヘルツォーク&ド・ムーロンによって設計されました。

コンペってなにをやるの？

審査委員会がコンペの条件をつくり、建築家の提案を図面や面接で審査します。

たとえば、大都市に音楽ホールをつくるなら、審査委員会のメンバーには建築家や演奏家だけでなく、音響設計や都市設計の専門家も欠かせません。建物の面積や座席数、想定される音楽の分野、そして予算やコンペの参加条件を決めていきます。誰もが参加できるオープンコンペもありますが、建物が大きく特殊な用途になるほど、類似の施設を過去に設計した実績がコンペの参加条件に設定されます。国家的な施設の国際コンペでは、少数の世界的な巨匠を委員会が選んで提案を募る指名コンペとなることも少なくありません。

一般的なコンペの流れ

設計コンペ委員会を設置
（発注者、または建築主の依頼により、各地の建築設計協同組合などが協力。）

▼

設計コンペ審査委員会を設置
（各種専門家により編成。）

▼

通知が行なわれる

▼

コンペ参加希望者への説明会

▼

コンペ案の提出

▼

設計コンペ審査委員会の開催
（最優秀・2位・3位の選定。）

▼

審査結果発表！

▼

設計プロジェクトの組織化
（最優秀者を中心にチーム編成を行なう。）

アテネのアクロポリスで1921年に発見された紀元前435年頃の碑文には、「ギリシア議会がデザインを決める以前の段階で、デザインはアテネ人とその協力者たちによる一般の投票で行なった」とあり、当時から、建設に際してコンペが行なわれていたことが判明しています。

Q
日本の住宅の寿命が30年くらいといわれるのはなぜ？

コルマール

写真：Chlorophylle ／ stock.adobe.com

A

住まいを長く使い続けることを尊ぶ人が少ないからでしょう。

日本の住宅は、購入時の費用やメンテナンスの少なさが重視されがちなため、長く手を加えつづける習慣が広まっていきません。しかし、名建築家の設計した「ヴィンテージマンション」に人気が集まり、郊外団地のリノベーションが注目されるように、日本人の住まいへの価値観は着実に変わってきています。

コルマールはドイツとフランスの国境アルザス地方に位置し、旧市街には中世からルネサンスの街並みが、いまでもよく保存されています。（コルマール／フランス）

アメリカ44年、イギリス75年、それに対して、日本は26年——。

これは住宅の平均寿命です。
日本の数字は1996年度の『建設白書』で発表されたものです。
日本の住宅の寿命は諸外国と比べて、とても短いのが特徴です。

Q1 ヨーロッパで古い建築が、いまも使われているのはなぜ？

A 古い建築をリフォームする習慣が根付いているからです。

世界遺産に指定されているアルベロベッロのトゥルッリ（イタリア）は、16世紀半ばから17世紀半ばにかけて建設され、いまも現役の住居が残る地域もあり、地元住民が生活を営んでいます。

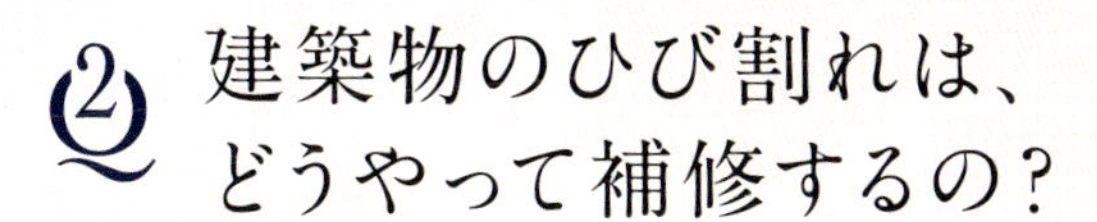

Q2 建築物のひび割れは、どうやって補修するの？

A 樹脂を注入したり、繊維シートを貼ってから、表面の仕上げを塗りなおします。

基礎のコンクリートのひび割れの場合は、繊維シートで補強すると耐震性の向上も期待できます。また、ひび割れが大きい鉄筋コンクリートの場合、鉄の錆によって本来アルカリ性のコンクリートが中性化しているため、電気を通すことで「再アルカリ化」を施します。

Q3 古くなった建物が景観になじんでいるのはなぜ？

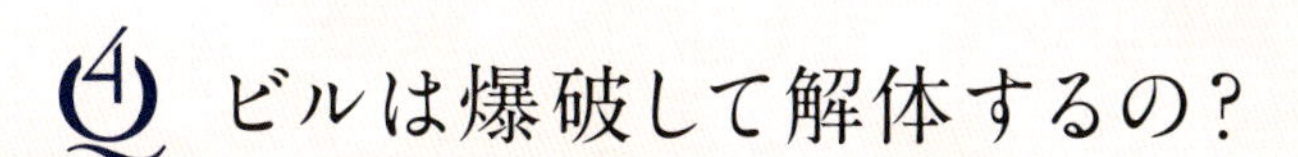

A 風雨によって建物のテクスチャーがやわらぎ、人々の目にも見慣れたものとなっているからです。

建物が完成し、歳月が経つと、マテリアル（材料）が劣化を伴いながら変化していきます。同時に周囲の環境も変化しながらなじんでいくのです。こうした経年変化（エイジング）や風化（ウェザリング）を積極的にとらえる「時間のデザイン」が注目を集めています。

Q4 ビルは爆破して解体するの？

A 日本ではあまりこの方法を使いません。

ビルを解体する際、豪快な爆破解体シーンが紹介されることがありますが、この「発破解体工法」は、欧米などで主に行なわれている方法です。日本では火薬の規制が厳しい上、耐震設計が進んでいることから壊れにくいため、橋の撤去など一部の建物解体のときに限られます。日本では最上部から建物を部分的に切断し、クレーンを使って建材を地上に降ろしていく「ブロック解体工法」が一般的です。

解体されないまま残るデトロイトの廃墟。

Q 地震が起こると、建物はどう動くの？

カルモ修道院

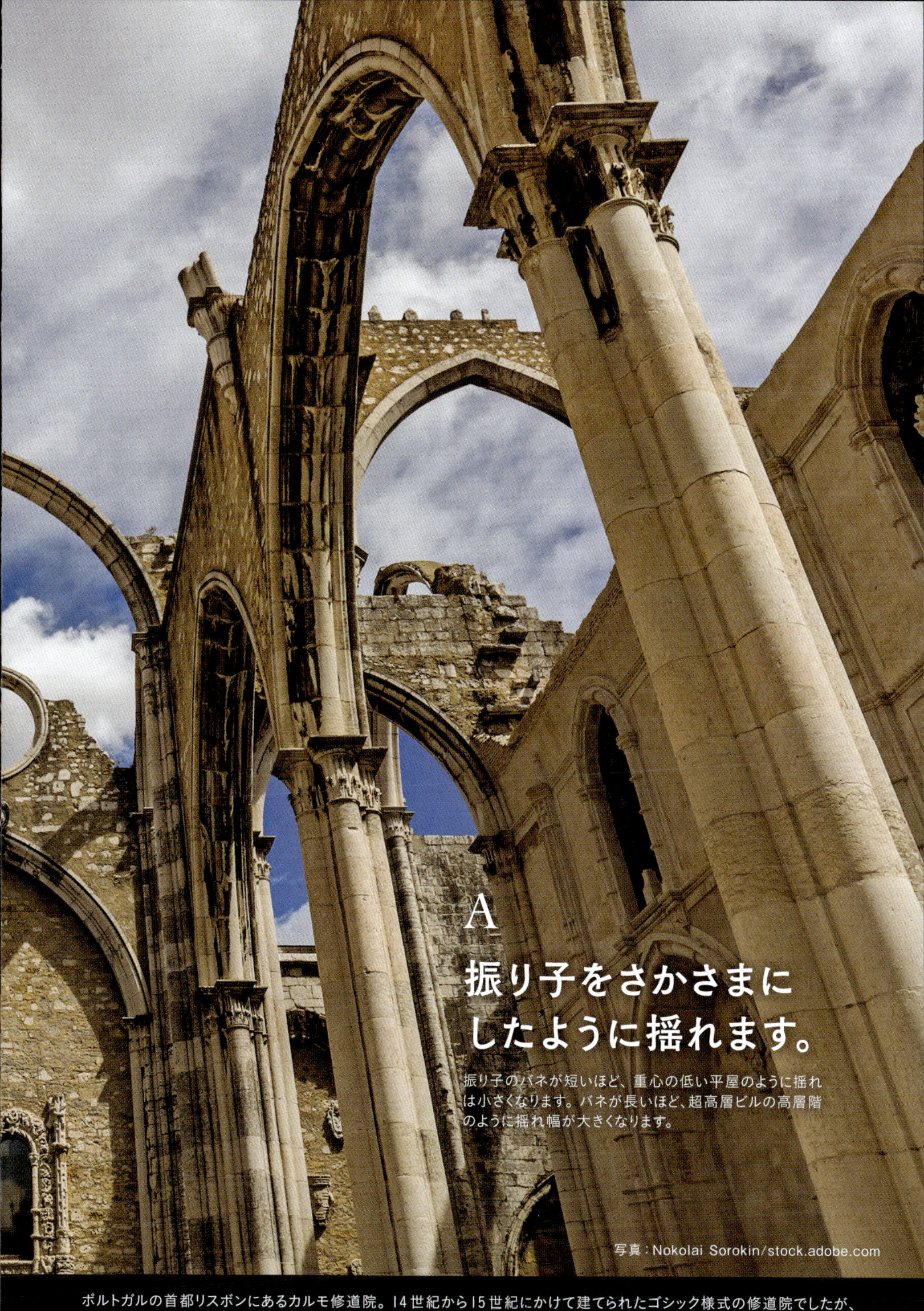

A
振り子をさかさまにしたように揺れます。

振り子のバネが短いほど、重心の低い平屋のように揺れは小さくなります。バネが長いほど、超高層ビルの高層階のように揺れ幅が大きくなります。

写真：Nokolai Sorokin/stock.adobe.com

ポルトガルの首都リスボンにあるカルモ修道院。14世紀から15世紀にかけて建てられたゴシック様式の修道院でしたが、1755年に発生したリスボン地震で崩壊し、そのまま再建されず廃墟となりました。現在は建築博物館として一般公開されています。

揺れに耐えるつくりから、揺れを抑えるつくりへ。

巨大な地震に耐える建物の研究は、
とくに地震の多い日本で盛んに行なわれてきました。
超高層ビルが登場するまでは頑丈な建物をつくることが耐震の方向性でしたが、
現在は、免震や制震へのシフトが進みつつあります。

Q1 免震構造ってなに？

A 地震の揺れを建物に伝わりにくくする仕組みが組み込まれている構造のことです。

建物と地面との縁を切り離し、地震のときでも建物が揺れないようにする仕組みを免震と呼びます。耐震構造では地震のエネルギーを建物自体が受け止めるため、建物が激しく揺れて内部の被害も大きくなります。一方、免震構造は建物の基礎や中間層に積層ゴムを設置した免震層を置き、そこで地震エネルギーを吸収するため、激しい揺れが抑えられ、内部の被害も少なくなります。

Q2 では、制震構造は？

A 地震による建物の揺れを緩やかにします。

建物におもりやダンパーを組み込むことで、地震の揺れと反対の動きをさせ、地震のエネルギーを打ち消します。

耐震構造

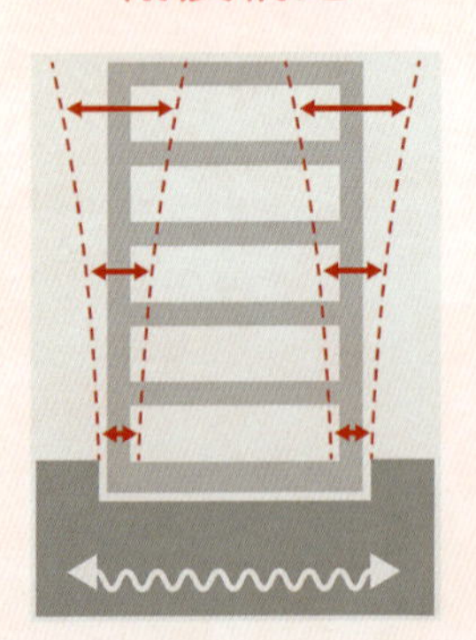

建物自体の強度や粘りによって倒壊を防ぐ。

免震構造

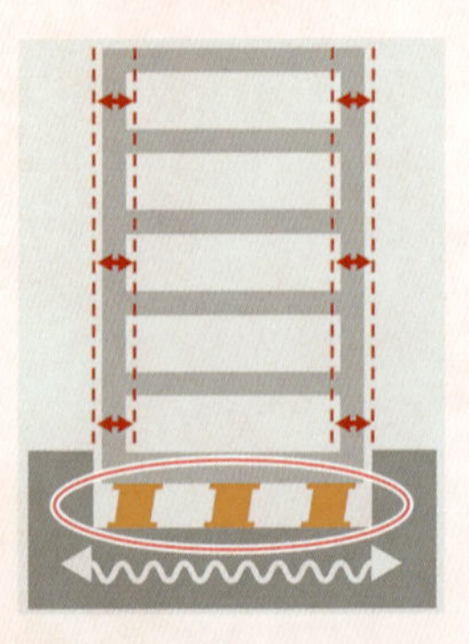

建物を免震層で地盤から切り離し揺れと共振させない。

制震構造

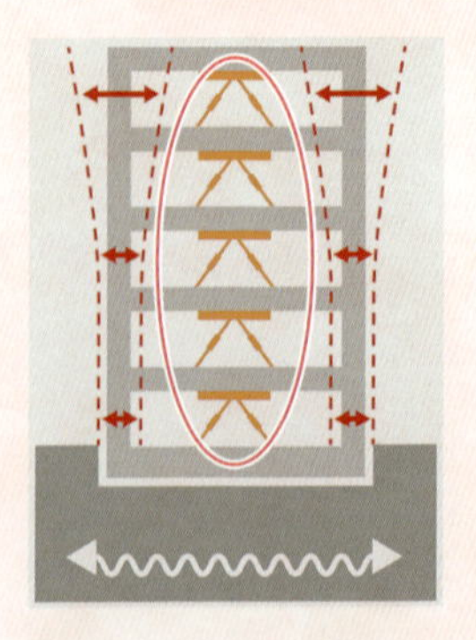

制震装置が地震エネルギーを吸収し、揺れを抑える。

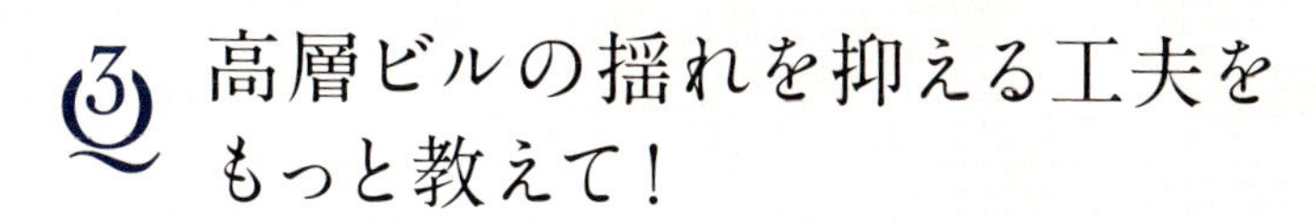

高層ビルの揺れを抑える工夫をもっと教えて！

A　たとえば、振り子での制御が行なわれています。

現存最古の五重塔である法隆寺五重塔（奈良県）。心柱に屋根を引っ掛ける構造でバランスを保っており、その仕組みは現代建築の地震対策にも応用されています。

★COLUMN★

建築物のさまざまな災害対策

風、雪、火災と、建物は地震以外にもさまざまな自然の猛威に晒されます。

風に対しては低層の建物の場合、防風林で風速を低減し、飛来物の衝突から窓を守るために雨戸を設置するなどの対策が施されます。高層ビルではビル風や風圧力への対策が必要となり、とくにビル風に対しては設計時にジオラマやコンピュータ・シミュレーションを用いて周辺環境に与える影響を調べています。また、火災に際しては耐火材を吹き付けたり、中間に避難階を設置してエレベーターを避難計画に活用したりするなどして対策を取っています。

COLUMN 3
働いてみたいユニークオフィス

中国中央電視台本部ビル

延床面積47万3千㎡と、世界の企業の本社ビルでは最大級の規模を誇ります。空へ伸びる2本のユニットが途中で75mの長さで水平に移動して合流する中国の急速な発展を象徴する外観です。
（建築家：レム・コールハース／所在地：北京／中国）

ドバイ・モール

世界の富豪が集まるドバイに開設された世界最大級のショッピングモール。 総面積は約111.5万㎡におよびます。
（ドバイ／アラブ首長国連邦）

ロイズ・ビルディング

パイプや梁がむき出しになっており、内部構造を外装としてまとう外観が特徴です。半円形ヴォールトを通して自然光がアトリウムに降り注ぐ構造となっています。（建築家：リチャード・ロジャース／所在地：ロンドン／イギリス）

欧州議会議事堂

EUの政策を議論する欧州議会の議事堂。ブリューゲルの『バベルの塔』をモチーフにデザインされました。（建築家：アーキテクチュア・スタジオ／所在地：ストラスブール／フランス）

バーレーン世界貿易センター

ヨットの帆をふたつに割ったような外観で、裂け目の部分に3基の風力発電タービンが設置されています。（建築家：アトキンズ／所在地：マナマ／バーレーン）

アメリカ国防総省本部庁舎

「ペンタゴン」の通称で知られている世界最大の収容力を誇るオフィスビルですが、設計には鉄骨がほとんど使われていません。（建築家：ジョージ・バーグストーム／所在地：アーリントン／アメリカ）

MI6本部ビル

007で名高いイギリス情報局秘密情報部の本部ビルで、かつての名称で呼ばれています。防弾性・耐爆性も考慮された堅固な建築です。（建築家：テリー・ファレル&パートナーズ／所在地：ロンドン／イギリス）

Q

建築家のデザインを実現できないこともあるの？

ヘイダル・アリエフ文化センター

写真：アフロ

A

あります。

ザハ・ハディッドは、コンペに優勝しても、デザインが奇抜すぎて建築されなかったことも多いことから、「アンビルト（建たず）の女王」の異名を持っていました。

2020年東京オリンピックの新国立競技場のデザインで話題を呼んだイラク出身の建築家ザハ・ハディッドの設計。12,000枚もの不規則なタイルで覆われたファサード、うねるような曲線美と、ひと目見たら忘れられないインパクトのある建築です。（建築家：ザハ・ハディッド／所在地：バクー／アゼルバイジャン）

建築の鍵を握る「建築家」は、世界最古の職業のひとつです。

「建築」の仕事は文明の発祥にまで遡るといっても過言ではないでしょう。
古代エジプトにはすでに名の知られた「建築家」もいました。
以来、多くの有名建築家が登場してきましたが、
彼らはどのような名建築を生んできたのでしょうか。

Q1 もっとも多作な建築家って誰？

A フランク・ロイド・ライトが有名です。

アメリカの巨匠、フランク・ロイド・ライトによる建築は800とも1,000ともいわれます。日本では村野藤吾が300超とされる一方、隈研吾が進行中のプロジェクトを含めて200を超え、いま世界一多作の建築家のひとりといえるでしょう。

ライト設計の帝国ホテル（当時）。煉瓦を組み合わせた鉄筋コンクリート造で地上3階（中央棟5階）、地下1階の構造でした。ライト設計の建築は、1923年（大正12年）に竣工しましたが、1968年に解体され、現在玄関部分のみが明治村（愛知県）に移築再建されています。

建築家の報酬はどうやって決まるの？

A　総工事費に対する割合で決められます。

住宅での割合は10～15%といわれますが、現在は床面積から計算する方法もあります。

③ 建築士になるにはどうしたらいいの？

A　大学や専門学校の建築学科で学ぶだけでなく、設計事務所や建設会社で経験を積まなければなりません。

建築士の受験資格には、設計の実務経験が必要です。免許取得後に独立して設計事務所を開くためには、技術のみならず、設計の依頼が継続するよう人脈や営業力も蓄えておかなければなりません。

④ 外国人が建てても日本建築なの？

A　日本の伝統的な工法や様式であれば、すべて日本建築です。

日本の伝統的な工法や様式でつくられた建物を日本建築といいます。そのため、アメリカ人がドイツで数寄屋造りの住宅をつくっても、日本建築になります。

静岡県熱海市の日向別邸。書院造りや数寄屋造りをドイツ人建築家であるブルーノ・タウトなりに理解し、再創造された作例といえます。

Q

日本はどうやって西洋建築を学んだの？

旧岩崎邸

A

外国人を雇い、日本人の建築家を育てました。

なかでも大きな影響を与えたのがジョサイア・コンドルです。

写真：根岸聴一郎／アフロ

イギリスの建築家ジョサイア・コンドルの設計により、1896年に完成した洋館で、17世紀の英国ジャコビアン様式の装飾、トスカナ式の1階列柱、イオニア式の2階列柱とバラエティ豊かな装飾が建物を飾っています。また岩崎久彌の留学先であるアメリカ・ペンシルベニアのカントリーハウスのイメージも採り入れられた洋館建築の代表作です。
（建築家：ジョサイア・コンドル／所在地：東京都台東区）

日本の近代建築は、“真似る”ことから始まりました。

19世紀後半、明治維新を迎えた日本は、
西洋に追いつき、認められることを願う政府が、
西洋の様式を取り入れた建築を国内に建てることを進めていきます。
そのために、外国人建築家が招かれ、
日本人建築家の育成システムが整えられていきました。

Q1 旧岩崎邸のほかにもコンドルの作品は残っているの？

A 三菱開東閣（東京都港区）、綱町三井倶楽部（東京都港区）、旧古河邸（東京都北区）などがあります。

現存するこれらのほかにも、明治丸の内の街並みの基準となった「三菱一号館」が再建されるなどもしています。

1919年に古河財閥の古河虎之助男爵の邸宅として整えられたコンドル作品のひとつ旧古河邸。高台に建つ洋館の下に西洋庭園と日本庭園が広がっています。

Q2 日本の建築家第一号は誰？

A 東京駅をデザインした辰野金吾（たつのきんご）です。

1854年、佐賀県に生まれた辰野金吾は、工部大学校造家学科でコンドルに師事し、首席で卒業。その後、ロンドンの大学と設計事務所で西洋建築を学び、石やレンガを用いた西洋建築を日本各地に次々と生み出しました。赤レンガに白石が帯状に走る建物の外観は「辰野式」と呼ばれ、その代表作が、1914年に完成した東京駅丸の内駅舎（61ページ）でした。

辰野金吾らの設計による岩手銀行旧本店本館。

Q3 日本のモダニズム建築の先駆となった建物はなに？

A たとえば、東京中央郵便局があります。

現在はKITTEとなった東京中央郵便局は、1931年の竣工です。純白のタイルと鉄の窓枠の対比が美しい初期モダニズム建築の記念碑的作品です。建築家の吉田鉄郎は、様式建築が主流の時代にあってヨーロッパを中心に興っていた「モダニズム」の潮流をいち早く日本へと取り入れました。

東京駅前の景観を一変させた東京中央郵便局は、外壁の一部が商業ビルのKITTEとして現存しています。

Q 日本の近代建築に影響を与えた外国人建築家を教えて！

自由学園明日館

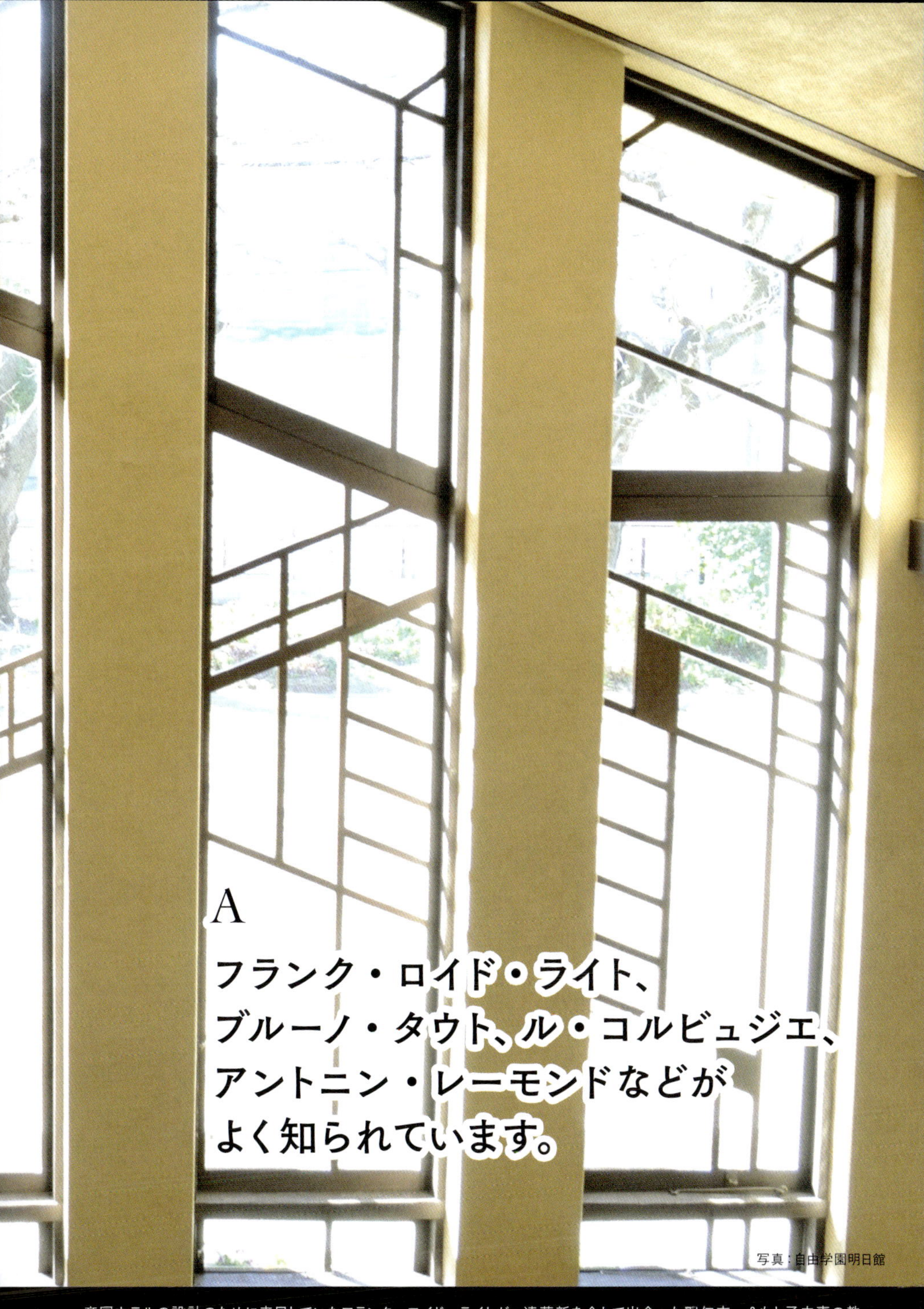

A

フランク・ロイド・ライト、ブルーノ・タウト、ル・コルビュジエ、アントニン・レーモンドなどがよく知られています。

写真：自由学園明日館

帝国ホテルの設計のために来日していたフランク・ロイド・ライトが、遠藤新を介して出会った羽仁吉一＆もと子夫妻の教育理念に感銘を受け、設計を引き受けた校舎です。1997年に国の重要文化財に指定されました。
（建築家：フランク・ロイド・ライト／所在地：東京都豊島区）

日本の建築に影響を与えた欧米の巨匠たち——。

大正時代から昭和時代にかけて
モダニズム建築が興りつつあった日本。
そうした時期に4人の外国人建築家が来日します。
フランク・ロイド・ライト、アントニン・レーモンド、ブルーノ・タウト、
そして戦後にル・コルビュジエ。
彼らは多くの日本人建築家を育て、
現代につながる日本建築の礎を築くこととなります。

Q1 ライトの建築にはどんな特徴があるの?

A 周囲の環境との一体感です。

ライトはル・コルビュジエ、ミース(131ページ)とともに20世紀の三大巨匠と評されることもある建築家で、60年以上にわたって設計活動を続けました。彼の建築の特徴は、外の環境と溶け合うかのような「連続性(流動性)」と、自然と調和した「有機性」にあります。

図解 落水荘

98ページで紹介した落水荘は、随所に自然と一体化する工夫が施されています。

最上階のテラス。建物の外壁の色は周囲の自然に溶け込んでいます。
人々の眼を周囲の自然に向けるため、各階の天井は低く設定されています。
建物の下を流れる川が、滝となって落ちています。これにより居住者は常に水の存在を感じることができます。

Q2 ブルーノ・タウトが日本の建築に与えた影響ってなに？

A 日本の伝統建築を見直すきっかけをつくったことです。

ドイツ表現主義の旗手としてヨーロッパで活躍していたタウトは、1933年、若手の日本人建築家グループに招かれました。この来日の際、タウトが絶賛したのが、伊勢神宮や桂離宮といった日本の伝統建築でした。 以後、モダニズム建築のなかに、いかにして日本人らしさを表現すべきかが日本人建築家の間で追求されるようになります。

ブルーノ・タウトの設計によるベルリン市ブリッツの馬蹄形住宅。

Q3 では、レーモンドは、日本の建築にどう影響を与えたの？

A コンクリート打ち放しと木造モダニズム建築を生み出しました。

レーモンドは世界的にもかなり早い段階にコンクリート打ち放し（60ページ）を雲南坂（東京都）の自邸で採用する一方、軽井沢の別荘である「夏の家」において、モダニズムのコンクリートを木造に置き換えることを実現しました。レーモンドの元で働いていたスタッフには、公共建築をコンクリートやタイルで表現した前川國男や、木造のモダン住宅を得意とした吉村順三が名を連ねており、こうした人々が次代の建築を担うこととなります。

レーモンドによる木造モダン建築「夏の家」。現在は軽井沢のペイネ美術館に移築されています。

Q

ル・コルビュジエがリスペクトされるのはなぜ？

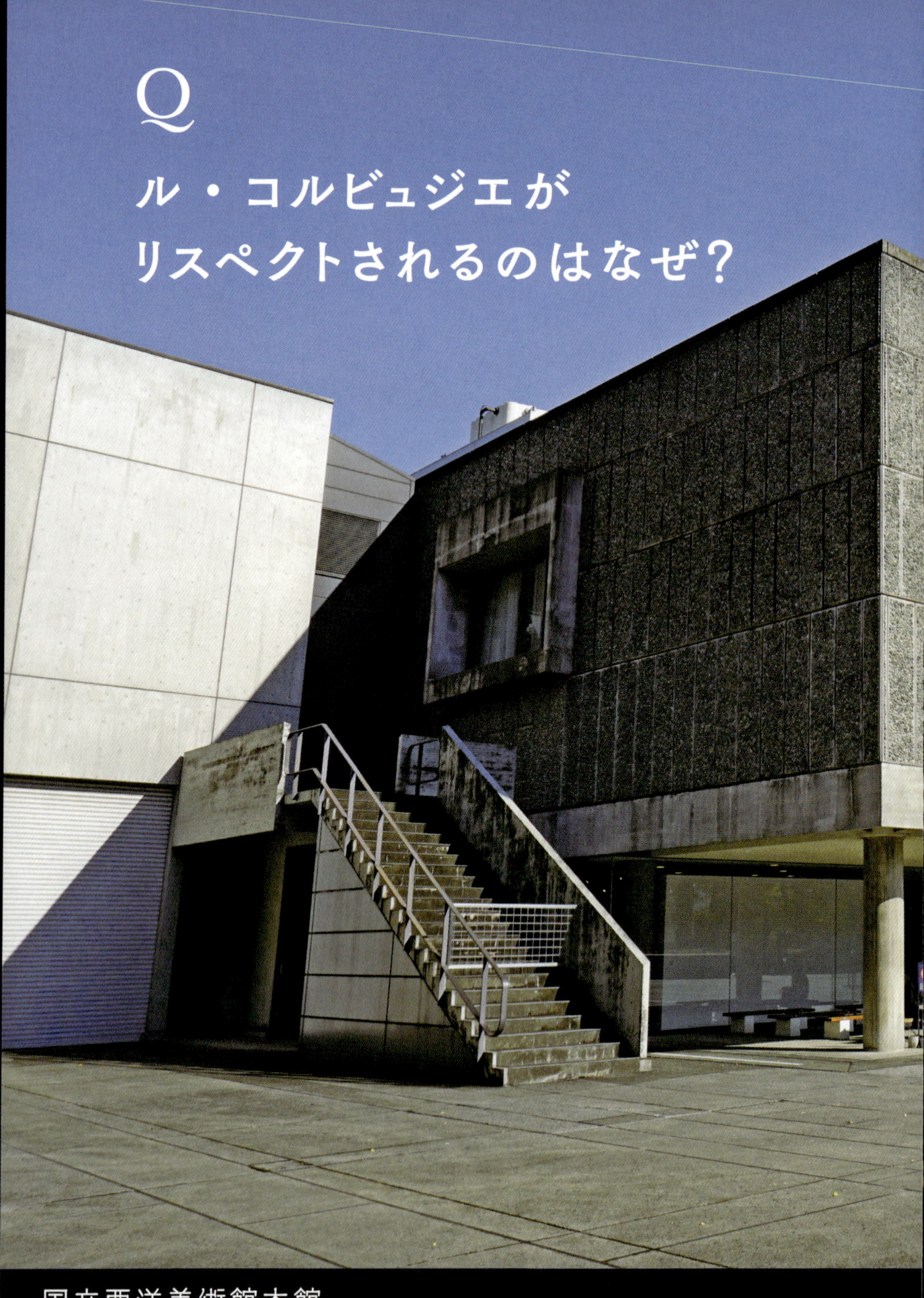

国立西洋美術館本館

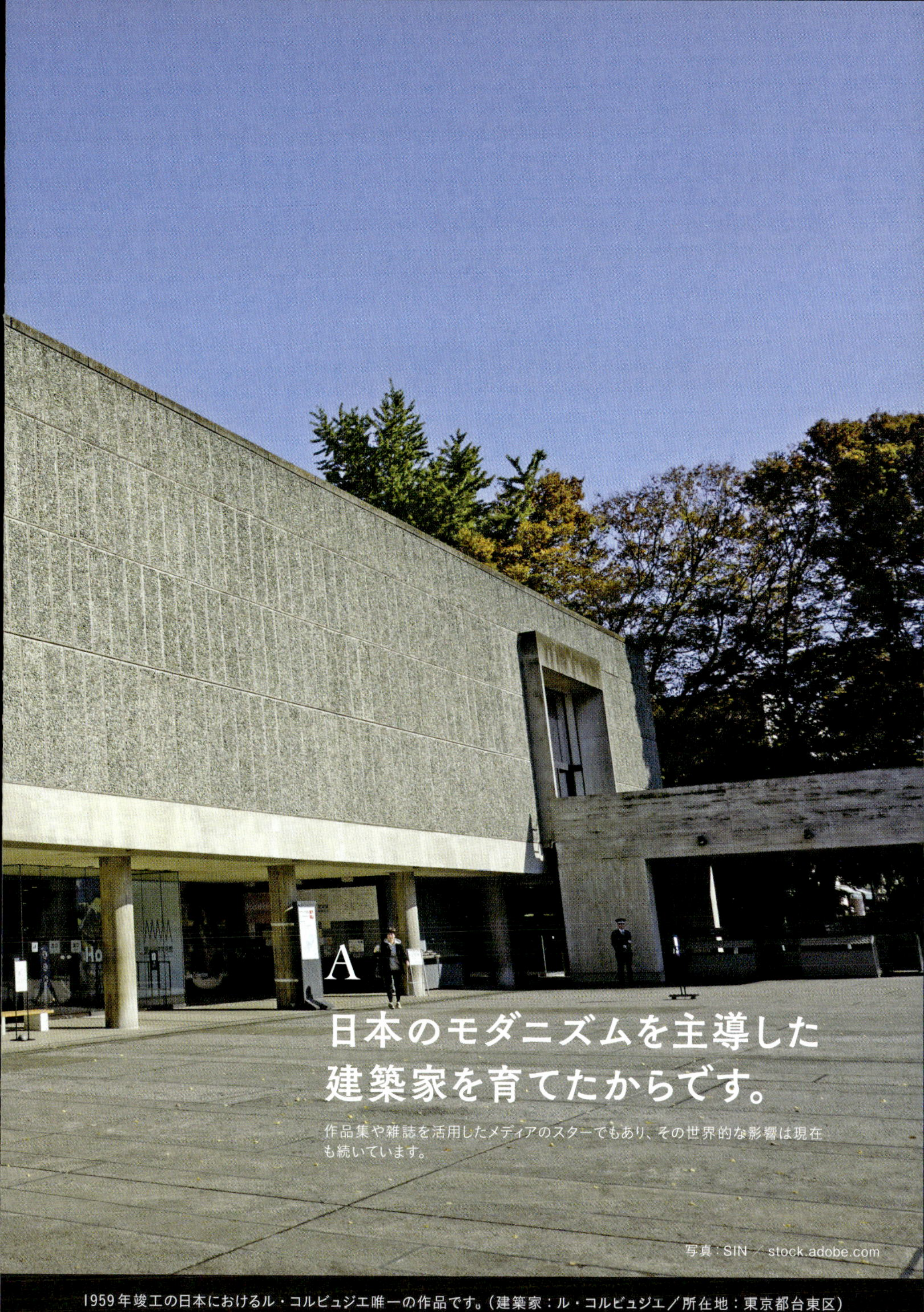

A

日本のモダニズムを主導した
建築家を育てたからです。

作品集や雑誌を活用したメディアのスターでもあり、その世界的な影響は現在も続いています。

写真：SIN ／ stock.adobe.com

1959年竣工の日本におけるル・コルビュジエ唯一の作品です。（建築家：ル・コルビュジエ／所在地：東京都台東区）

20世紀最大の建築家は、日本にも大きな影響を与えました。

世界的に知られるスイス出身の建築家、ル・コルビュジエ。
パリのアトリエでは前川國男、坂倉準三、吉阪隆正ら日本人も修行しました。
やがて弟子たちは日本で活躍し、多くの作品を残します。
それゆえ、ル・コルビュジエは日本においても
大きな影響力を持つ建築家と位置づけられているのです。

Q1 ル・コルビュジエの作品には、どうして飾り気がないの？

A 住宅とは「住むための機械である」と考えたからです。

ル・コルビュジエがこんな刺激的な表現をした1920年代、自動車や汽船といった機械がそれまでになかった「機能美」を示していました。それをきっかけに伝統や因習にしばられていた住宅を開放し、量産化に向けた新しい美のありかたを機械の合理性に求めていったのです。

Q2 ル・コルビュジエの初期作品を教えて。

A レマン湖の「小さな家(母の家)」が有名です。

「小さな家」と名付けられたのが、ル・コルビュジエが両親のために設計し、スイスとフランスにまたがるレマン湖の畔に建てた住宅です。可動式の壁や家具でフレキシブルに変えられるレイアウトなど、実用性を重視したつくりとなっています。

1923年に建てられた「小さな家」は、ル・コルビュジエ初期の作品。サンデッキとガーデン、帯のように横長に並べた大型窓からは、美しいレマン湖と奥に広がるアルプス山脈の情景を望むことができます。

ル・コルビュジエに師事した日本の建築家が残した作品は？

前川國男の神奈川県立図書館や吉阪隆正の大学セミナー・ハウス（東京都八王子市）などがあります。

ル・コルビュジエのアトリエには、前川國男、吉阪隆正、坂倉準三といった日本人も勤務していました。やがて彼らは日本のモダニズム建築において欠かすことのできない存在となっていきました。

ル・コルビュジエの弟子とその作品

前川國男

美術館や庁舎、ホールなど公共建築に携わる。

東京文化会館

坂倉準三

日本の風土とモダニズムを融合させる。

神奈川県立近代美術館

吉阪隆正

ル・コルビュジエによるブルータリズム（荒々しい建築様式）を受け継ぐ。

大学セミナー・ハウス

★COLUMN★

建築家ミース・ファン・デル・ローエ

ライト、ル・コルビュジエと並ぶ近代建築の三大巨匠のひとりがミース・ファン・デル・ローエです。ドイツに生まれ、ベーレンスのもとで鉄やガラスなど、新しい素材を学び、独立後、バルセロナ・パビリオンなどの傑作を生み出しました。やがて、ナチスが勢力を伸ばすと活動の拠点をアメリカへ移し、内部空間を構造から開放し、さまざまな機能を有する「ユニバーサル・スペース」の構想を具現化したファンズワース邸や、外皮にブロンズを用いたシーグラム・ビルなどの傑作を生み出しました。

「より少ないことは、より豊かなことだ」という名言でも知られ、モダニズムの性質を限界まで磨き上げた建築家といえるでしょう。

1929年のバルセロナ万博の展示場として建てられたバルセロナ・パビリオンは、建材と施工の美しさが注目されました。のちに解体されますが、1986年、バルセロナに再建されました。

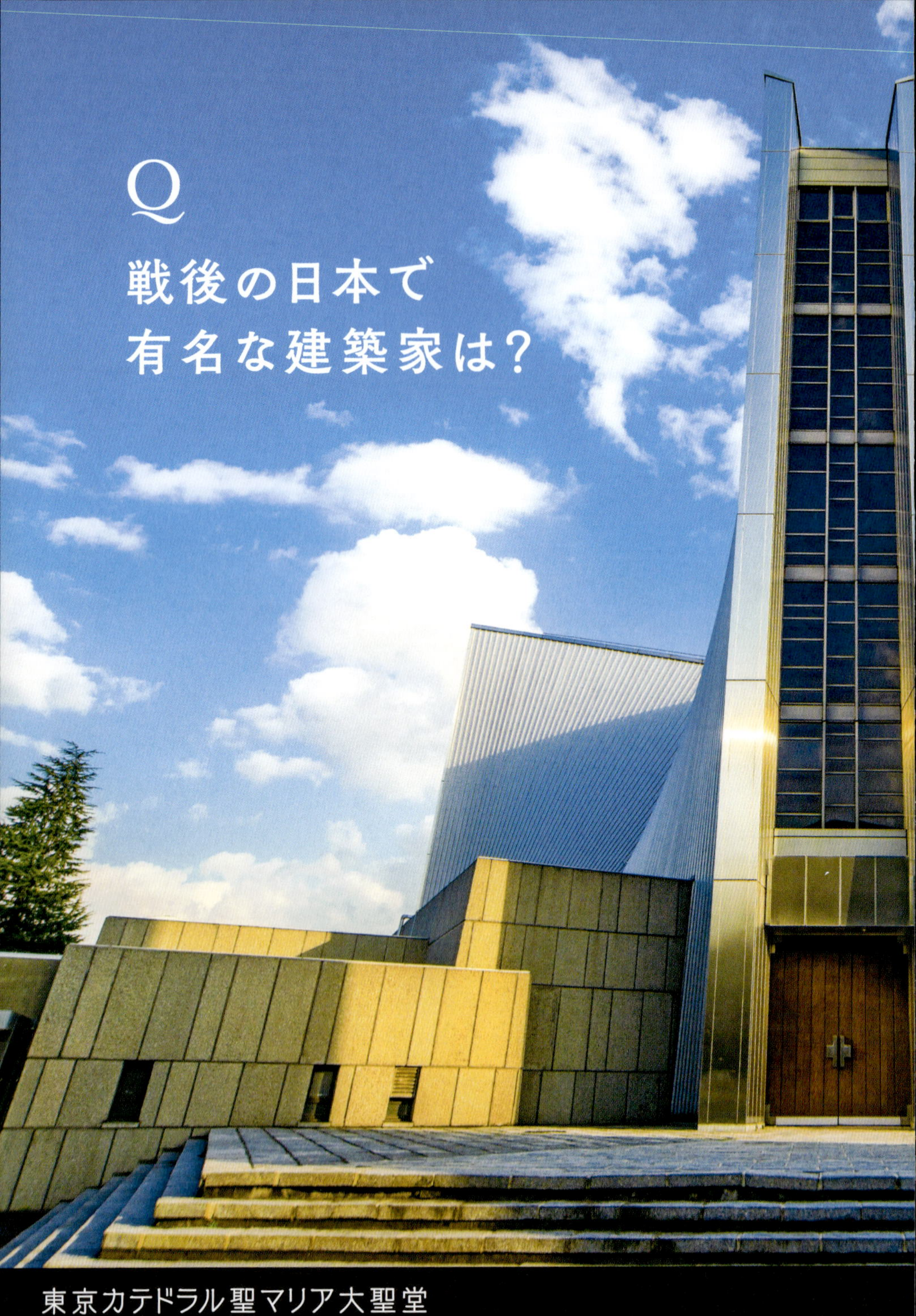

東京カテドラル聖マリア大聖堂

A
丹下健三が挙げられます。

写真：12 か月／アフロ

空からみると大きな十字架をかたちづくる屋根に、構造デザインと都市スケールの視野から建築を設計した丹下健三ならではの発想が表われています。（建築家：丹下健三／所在：東京都文京区）

日本の戦後モダニズム建築は、丹下健三を中心に開花しました。

広島平和記念資料館、国立代々木競技場、そして東京都庁……。
いずれも戦後の日本を象徴する建築物ですが、
これらはひとりの建築家によって築かれました。
日本の近代建築史を語る上で欠かせない存在、丹下健三です。

Q1 高度成長期の日本では、どんな建築がブームに？

A 社会のニーズに応じた
増築や交換が可能なユニットをもとに、
建築や都市が構想されました。

東京大学の丹下研究室において丹下健三に師事した黒川紀章や槇文彦らによって、成長社会における建築の立ち位置を示す指針として発表されたのが、「メタボリズム」です。建築は取り替えによって維持・運営されているという考えを持ち、建築を構成する最小要素としての空間が取り出され、これを機能変化に対応させた建築を理想とし、生物学の新陳代謝を意味する「メタボリズム」という言葉で表現したのです。

小さな住宅ユニットが取り付いたつくりの中銀カプセルタワービル。メタボリズムの考え方を反映した作品です。（建築家：黒川紀章／所在地：東京都中央区）

Q2 いま、世界的に有名な日本人建築家は？

A 安藤忠雄や磯崎新などが有名です。

安藤忠雄設計の光の教会。

磯崎新設計の北九州市立中央図書館。

Q3 建築家にとって世界最高の栄誉は？

A プリツカー賞に選ばれることです。

プリツカー賞は、アメリカのホテルチェーン「ハイアットホテルアンドリゾーツ」のオーナーであるプリツカー一族が運営するハイアット財団から、「建築を通じて人類や環境に一貫した意義深い貢献をしてきた」建築家に対して授与される賞で、「建築界のノーベル賞」と呼ばれる権威あるものです。これまでに日本人は、丹下健三（1987年）、槇文彦（1993年）、安藤忠雄（1995年）、妹島和世（2010年）、西沢立衛（2010年）、伊東豊雄（2013年）、坂茂（2014年）、磯崎新（2019年）の8名が受賞しています。

磯崎新とスペイン人建築家のイニャキ・アウレコエチェアの共同設計によるツインタワー「イソザキ・アテア」。22階建てで高さは83mであり、バスク州でもっとも高い居住用建築物です。（ビルバオ／スペイン）

Q 現代の主流のデザインについて教えて。

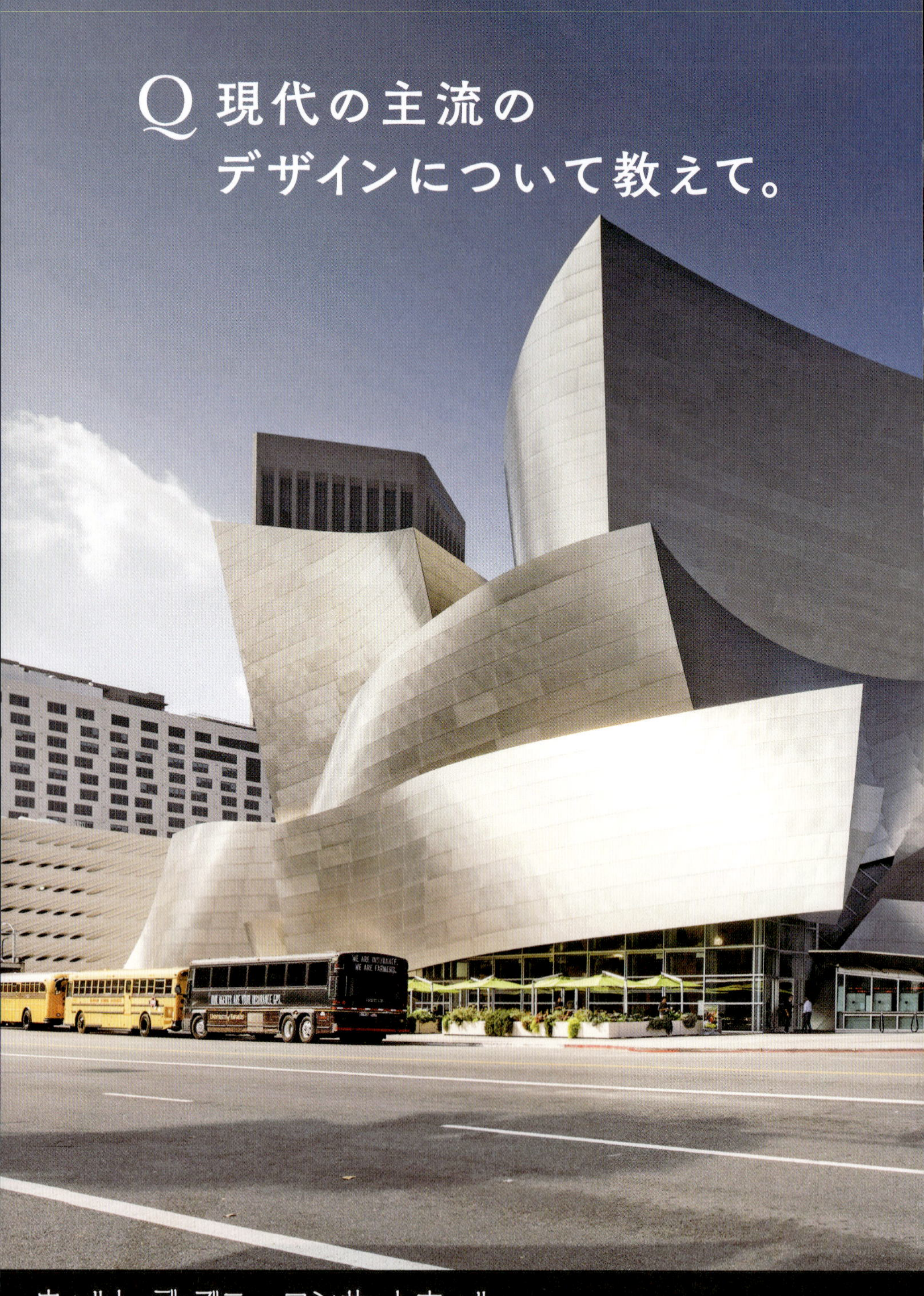

ウォルト・ディズニー・コンサートホール

A スター建築家がブランド化されているといえるでしょう。

現在、スター建築家は、グローバルに活躍しています。デザインの傾向よりも建築家のブランドが重視され、たとえば、「ゲーリーらしい造形」「隈研吾らしいデザイン」というアイコン建築を世界が求めているといえます。こうしたスター建築家の多くが1980～1990年代に世界を席巻した、脱構築主義の流れを受けています。

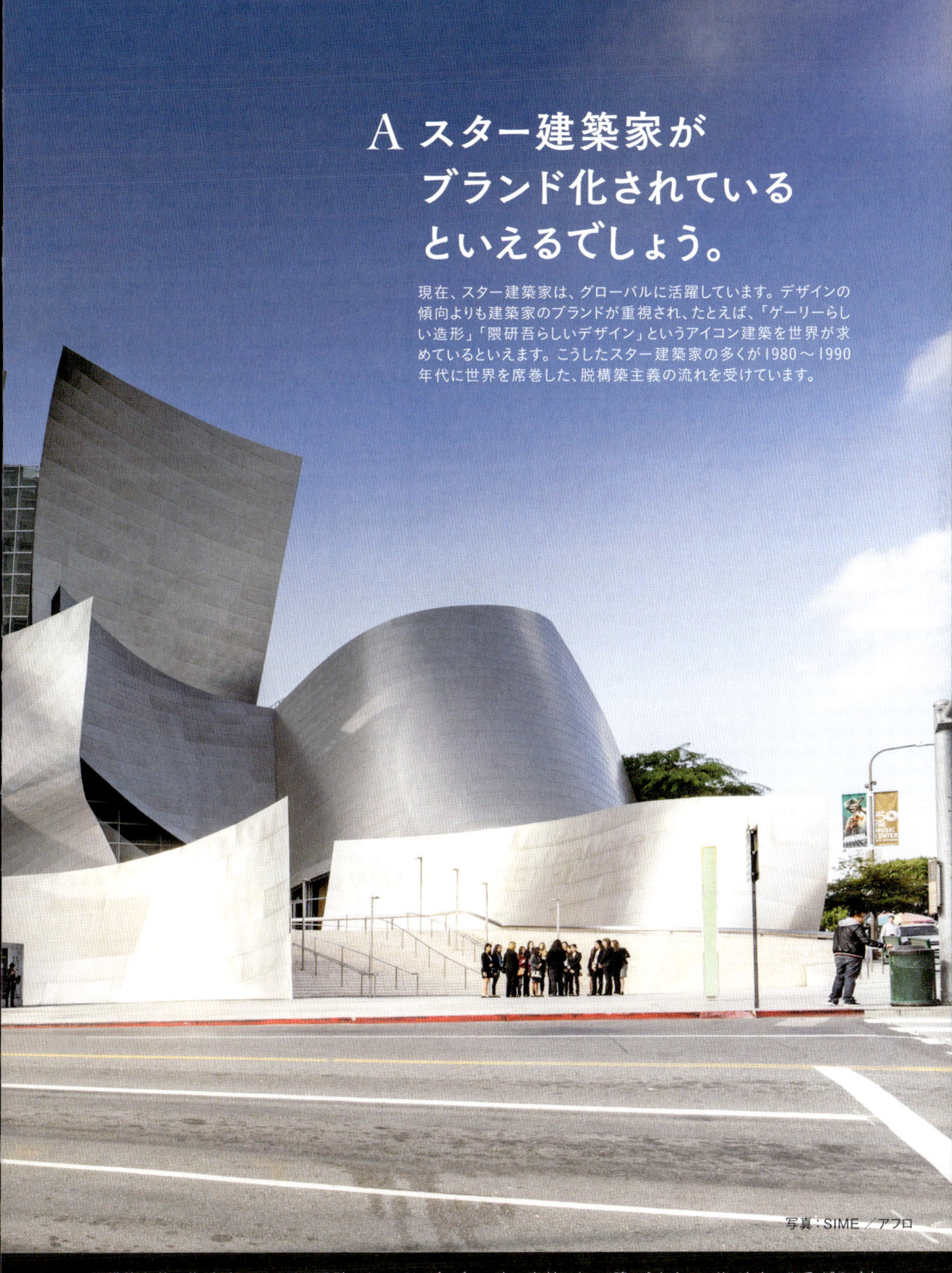

写真：SIME／アフロ

脱構築主義の旗手ゲーリーによる設計。ウォルト・ディズニー家の寄付によって建てられたコンサートホールで、ビルバオ・グッゲンハイム美術館（100ページ）とは異なり、外周のうねりのある外壁はステンレス製。これはロサンゼルスの陽光を受けて輝く効果を狙ったものです。（建築家：フランク・ゲーリー／所在地：ロサンゼルス／アメリカ）

大胆な設計が実現可能となり、いまや建築界はスターの時代。

建築技術の発展に伴い、
かつては建築不可能だった複雑な設計も実現できるようになり、
独自性の輝くデザインが主流となっています。
建築のデザイン色が高まりつつあるといってよいでしょう。

Q1 脱構築主義の建築家には、どんな人がいるの？

A フランク・ゲーリーを筆頭に、
ザハ・ハディッド、レム・コールハースらが有名です。

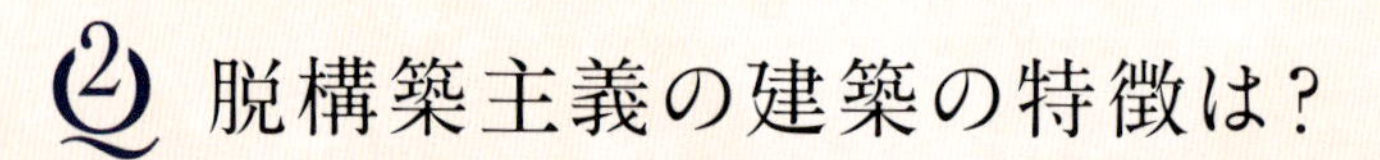

Q2 脱構築主義の建築の特徴は？

A 床は水平、壁は垂直に立つ、
そんな常識から飛び出そうとしています。

様式の常識を乗り越えようとしたモダニズム、それを脱却しようと装飾を復活させたポストモダン。これらをすべて超越し、純粋に新しい建築を求めた脱構築主義は、幾何学さえも飛び出し、壁が歪んだり、線や面が途切れたりしているのが特徴です。

ウィーンにある建築設計事務所コープ・ヒンメルブラウによって設計されたBMWヴェルト。BMW本社敷地内にある自動車博物館で、BMWが誇る歴代の名車などが展示されています。（ミュンヘン／ドイツ）

Q3 脱構築主義の建築を日本ではあまり見ないけど？

A じつは意外と実現しています。

名古屋駅前のモード学園スパイラルタワーズのように、ねじれた超高層ビルのデザインは脱構築主義の影響といえるでしょう。せんだいメディアテークに代表される伊東豊雄のデザインも、従来の柱や床による建築概念を超越した建築です。

Q4 ハイテク建築ってどこがハイテクなの？

A デザインです。

ハイテクによって生み出された製品や技術を建築物に意匠として取り込んだ建築を「ハイテク建築」と呼びます。ロイズ・ビルディングではビルの周囲にタワーの空調や電気設備などが収められています。

内部構造を外装としてまとう外観のロイズ・ビルディング。パイプや梁がむき出し、半円形ヴォールトを通して自然光がアトリウムに降り注ぐ構造となっています。近未来的な外観で目を引くのみならず、機器の交換やグレードアップが容易になるという利点もあります。（ロンドン／イギリス）

Q

アメリカ大統領が自分で設計した家があるって本当？

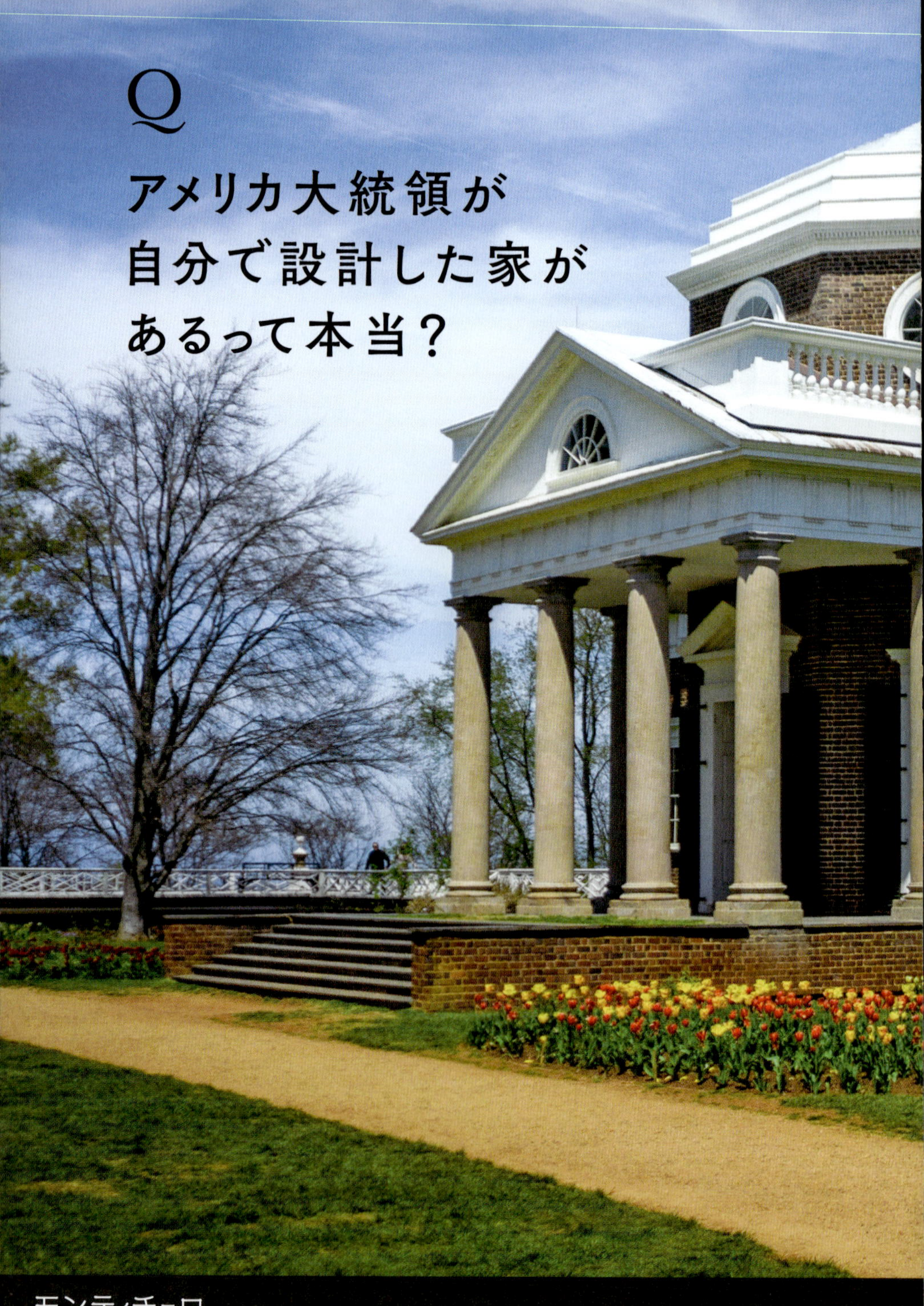

モンティチェロ

A

モンティチェロがそれです。

第３代アメリカ大統領トマス・ジェファーソンは、所有する大農場に自ら設計した豪邸を建設。床面積990㎡、部屋総数33という、夢に描いた理想の住まいを、地元のレンガ、木材、石材を使って建設しました。

写真：nathanallen ／ stock.adobe.com

ジェファーソン設計の私邸モンティチェロの玄関は、ドームと列柱を用いてデザインされた古典主義のデザインとなっています。（建築家：トマス・ジェファーソン／ヴァージニア州シャーロッツヴィル／アメリカ）

自ら理想の家を設計したアメリカ大統領がいました。

アメリカの独立宣言の起草者で、
1800年にアメリカ大統領となったトマス・ジェファーソン。
建築家でもあった彼は、理想の家を自ら設計しました。
有名な建築家たちも自邸をもち、
そこに自分の理想とする空間を創り出しています。
そんな彼らの住まいを訪ねてみましょう。

Q1 公開されている有名建築家の家を教えて！

A ルイス・バラガン邸、オルタ邸、メーリニコフ邸などがあります。

日本では、聴竹居（藤井厚二／京都府）、前川國男邸（江戸東京たてもの園）、シルバーハット（伊東豊雄／今治市伊東豊雄建築ミュージアムに移築）なども有名建築家の家として有名です。

（上左）ルイス・バラガン邸
敷地の半分が高い壁で囲まれた緑の空間。半分が自宅で竣工後も何度も改修が繰り返されました。（メキシコシティ／メキシコ）

（上右）メーリニコフ邸
旧ソ連の建築家メーリニコフが建てた独創的な自邸。高さの異なる筒状のレンガ塔を重ねた構造で、改修時の窓の位置変更が可能な設計です。（モスクワ／ロシア）

（左）オルタ邸
アール・ヌーヴォーの建築家オルタの自宅兼アトリエ。スキップフロアとガラス天井を持つ階段室によって明るい内部空間が広がっています。（ブリュッセル／ベルギー）

研究所の名建築ってあるの？

A

アインシュタイン塔という相対性理論を研究した建物があります。

アインシュタイン塔はアインシュタインが同じユダヤ人の建築家メンデルゾーンに依頼して、1921年に建設された、相対性理論研究のための施設です。塔の最上階のドーム内にはシーロスタットと呼ばれる望遠鏡が設置され、現在も太陽観測所として使用されています。

アインシュタイン塔は、20世紀初頭のドイツ表現主義の代表作とされ、当初、コンクリートでの建設が予定されていましたが、資材不足からレンガ造りに漆喰を塗って造形されることとなりました。（建築家：メンデルゾーン／所在地：バーベルスブルク／ドイツ）

Q

どうやって深い谷に長い橋を架けるの？

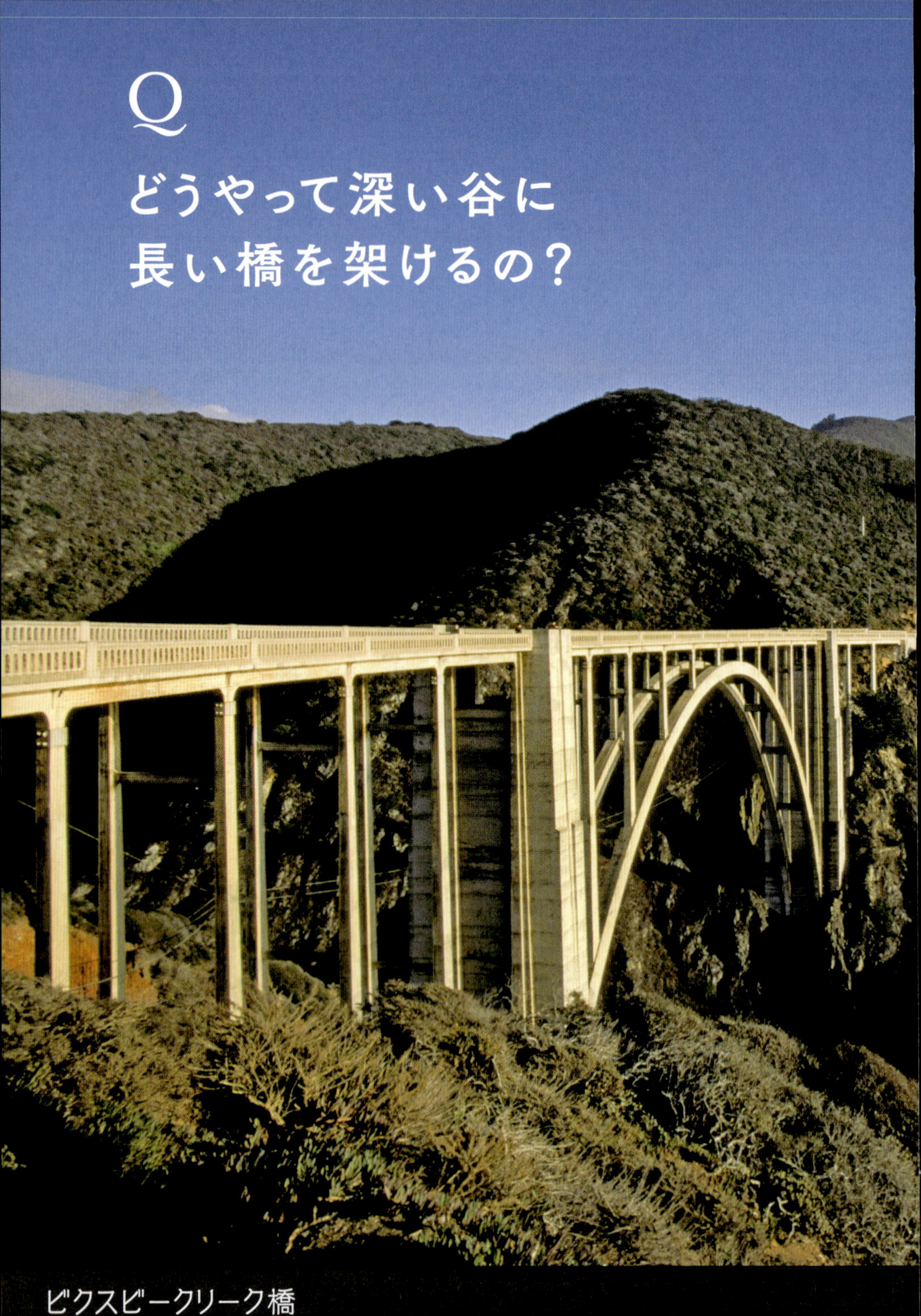

ビクスビークリーク橋

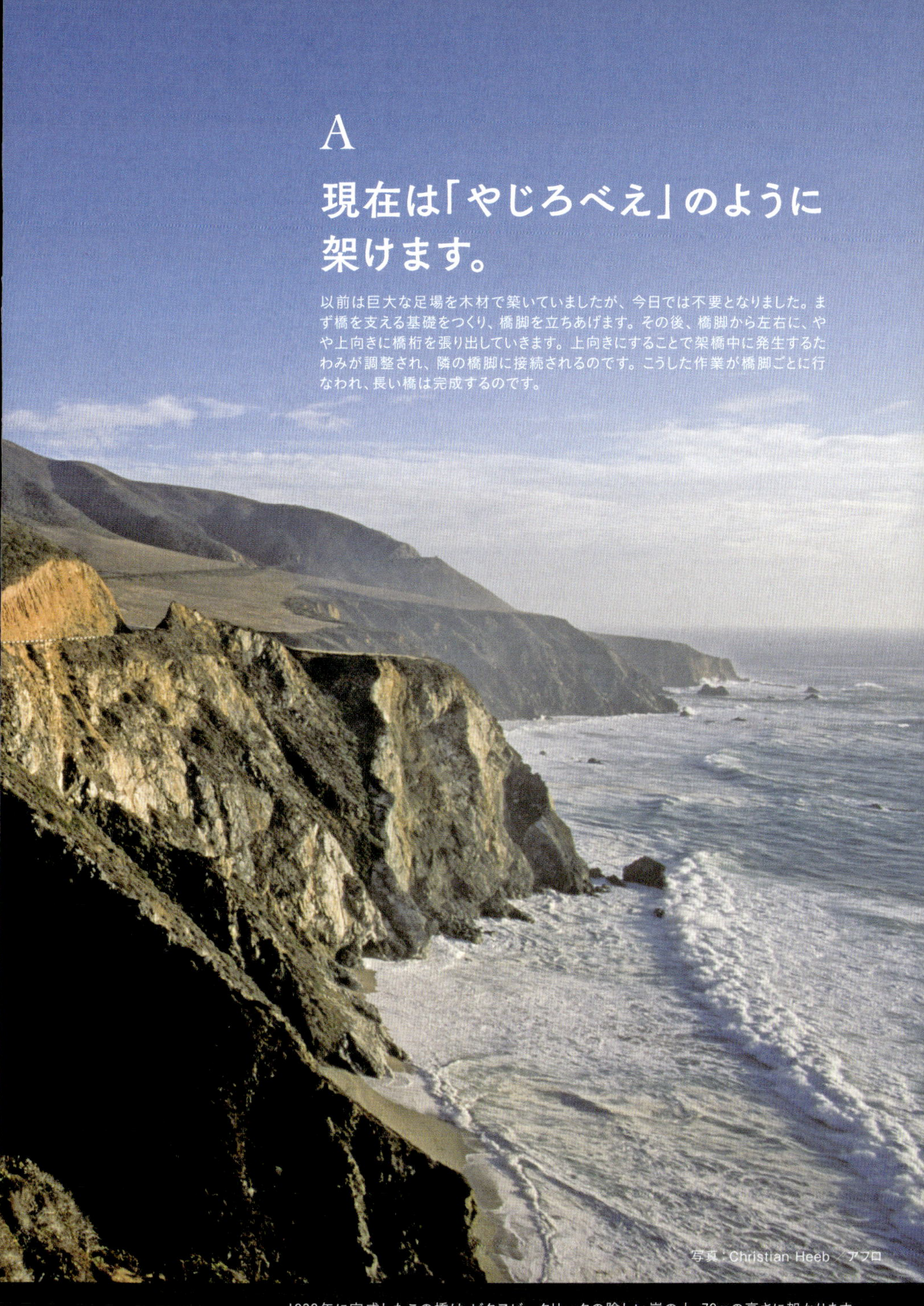

A

現在は「やじろべえ」のように架けます。

以前は巨大な足場を木材で築いていましたが、今日では不要となりました。まず橋を支える基礎をつくり、橋脚を立ちあげます。その後、橋脚から左右に、やや上向きに橋桁を張り出していきます。上向きにすることで架橋中に発生するたわみが調整され、隣の橋脚に接続されるのです。こうした作業が橋脚ごとに行なわれ、長い橋は完成するのです。

写真：Christian Heeb／アフロ

1932年に完成したこの橋は、ビクスビークリークの険しい崖の上、79mの高さに架かります。
（所在地：カリフォルニア州ビッグサー／アメリカ）

長い橋や長いトンネルは、構造と技術の研究成果です。

人々の交通のために築かれるこれらの構造物は、
古来、試行錯誤を重ねながら建設技術を進歩させ、
合理的で丈夫な方法が生み出されてきました。
現在見ることのできる橋やトンネルなどの設備は、
構造力学の研究と技術発展の結晶といっても過言ではありません。

Q1 橋の形はどうやって決めるの？

A 橋の「構造形式」を選ぶことから始まります。

橋の長さ、橋脚の本数、地盤の性質、建設費用、景観との調和などの条件に対し、最適な構造形式が選ばれます。アーチ橋、トラス橋、吊り橋、斜張橋は特徴的な形となりますが、日本では公共事業のコストに合理性が重視されるようになって以降、最も単純な「桁橋」が選ばれることが多くなりました。橋梁などの土木構造物は、建築よりもはるかに規模が大きいため、構造や経済の合理性が第一に考えられるのが一般的な傾向です。

橋の種類

桁橋

空間をまたぐ横向きの桁と、支柱となる橋脚で架けられた最も単純な橋。（チューリヒ湖の歩道橋／スイス）

トラス橋

細長い部材を三角形に組み合わせてトラス（44ページ）を構成し、空間をまたぐ橋。（東京ゲートブリッジ／日本）

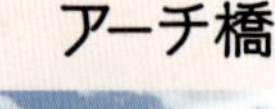

アーチ橋

上向きの円弧や放物線を描く構造で空間をまたぐ橋。アーチの両端をしっかり固定せねばなりません。（ポン・デ・サール／フランス）

斜張橋

塔から斜めに張ったケーブルで桁を吊った橋。コンピュータの発達により長大橋に適用。（アラミージョ橋／スペイン）

吊り橋

主塔間をつなぐケーブルから下ろしたロープで床を吊った橋。現在、最も長大橋に適した形式。（タワー・ブリッジ／イギリス）

可動橋

必要に応じて橋の一部または全体が、旋回・上昇・跳開するなどして可動する橋。（ゲイツヘッドミレニアム橋／イギリス）

②Q 世界一地上から高いところにある橋は？

A 中国の北盤江大橋です。

貴州省と雲南省を結ぶ北盤江大橋は、眼下を流れる北盤江の川面からの高さが565mに達します。

フランスの南部、アヴェロン県のミヨー近郊のタルン川渓谷に架かるミヨー橋は、地上から最も高い第2主塔の地上高が343mに及び、橋の構造部自体の高さでは「世界一高い橋」とされています。

③Q 世界最長のトンネルはどこにあるの？

A スイスにあります。

ウーリ州エルストフェルトとティチーノ州ボディオを結ぶ全長57kmの「ゴッタルドベーストンネル」です。このトンネルは2016年に開通し、それまで世界一の長さを誇っていた日本の本州と北海道を結ぶ青函トンネル（53.9km）を抜いて世界最長となりました。

④Q トンネルが崩れないようにどんな工夫がされているの？

A アーチの原理を利用します。

地盤の重さをトンネルに伝達して支える「アーチ効果」を利用します。アーチ橋が円弧にそって地面に荷重を受け流すように、円形や球体は圧縮力に強いのです。また、円筒形のコンクリートは硬い地盤と長いボルトでつなげられて補強されています（NATM工法）。一方、モグラのように掘り進めるマシンの内側で、壁面のブロックを組み立てていく「シールド工法」は、フナクイムシの穴掘りがヒントとなって発明されました。

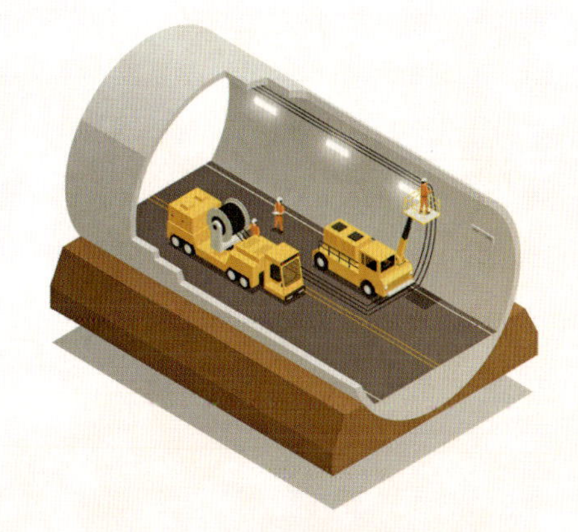

シールドトンネル工事の完成段階。照明・通信設備などを最後に整えて、安全な道路ができ上がります。

ニューヨークの摩天楼

正面に見えるのが、1972年まで41年間世界一高いビルとして君臨したエンパイア・ステート・ビル。映画でキングコングが上ったビルとしても有名です。そのシルエットは、鉛筆をヒントに設計され、『キングコング』のほかにも『めぐり逢い』など90本以上の映画に登場しています。
（所在地：ニューヨーク／アメリカ）

Q 超高層のオフィスビルを建て始めたのは誰？

写真：makoto.h ／ PIXTA

A シカゴの建築家たちです。

ニューヨーク摩天楼の起源は、シカゴにありました。

19世紀後期、大火によって焼け野原となったシカゴの街で、
シカゴ派と呼ばれる建築家たちが、
従来のレンガや石の壁による組積造ではない
新しい構造形式の鉄骨造で建築を建て始めました。
こうした建築の技術はやがて1930年代、ウールウォース・ビルやエンパイア・ステート・ビルなど、
ニューヨークに登場する超高層ビルへとつながっていきました。

Q1 クライスラービルのてっぺんが光っているのはなぜ？

A ステンレス製だからです。

設計者のヴァン・アレンに対し、発注者であるクライスラーは自動車会社の社長として金属を使用することを要求しました。その結果、尖塔部分の外装にはナイロスタ・スチールというステンレス鋼が採用されたのです。このようにときとして企業イメージに合わせた装飾が用いられるのも、企業ビルの特徴といえるでしょう。

完成の1930年当時、319mと世界一高い建築だったクライスラービル。7階分のステンレス鋼の尖塔を持ち、円や直方体などの幾何学的な形や、ジグザグ、流線などを主なパターンとし、ガラスや金属を多用する〝アール・デコ〟の装飾が施されました。
（建築家:ヴァン・アレン／所在地:ニューヨーク／アメリカ）

Q2 商業ビルのデザインについてもっと教えて！

A 地域の風土に応じた伝統的なアイテムが用いられることがあります。

たとえば、東京・銀座のGINZA SIXのファサードは、庇と暖簾がイメージされています。ル・コルビュジエが日射を遮るための庇を「ブリーズ・ソレイユ（太陽を砕く）」と名づけて建築をデザインしたように、庇と開口部は重要なデザイン要素となります。

ハンブルクの中心部、エルベ川の中洲のシュパイヒャーシュタット（倉庫街）にそびえるチリハウスは、480万個以上のレンガを手作業で積み上げて作られた、ドイツ表現主義を代表する建築です。いまも現役のオフィスビルで、商社の数や必要に合わせて部屋の仕切りの壁を増減させています。（建築家：フリッツ・フーガー／所在地：ハンブルク／ドイツ）

Q3 役所や庁舎にも名建築ってあるの？

A バングラディシュ国会議事堂などが有名です。

日本を含め、世界には有名建築家が携わった庁舎建築が数多くあります。日本では丹下健三による東京都庁や香川県庁などが名高く、世界となると、ロンドン市庁舎やストックホルム市庁舎など枚挙に暇がありません。そうしたなかで近年高い評価を受けているのが、アメリカ人建築家のルイス・カーンにより設計されたバングラディシュ国会議事堂です。人工の湖に浮かぶ巨大な建造物で、四角形と円が幾何学的に組み合わされた形をしています。

ルイス・カーン設計のバングラディシュ国会議事堂。議事堂を中心にオフィスやラウンジなどの議事堂をサポートする設備が並びます。主空間とそれをサポートするエリアの二元化が明確にされたカーン建築の白眉です。

Q 環境に優しい建物ってどんな建物？

フンデルトヴァッサーハウス

有機的なデザインと植物が融合した集合住宅です。屋上には植物が生い茂り、建物自体は画一的な直線を廃した建築です。（建築家：フリーデンスライヒ・フンデルトヴァッサー／所在地：ウィーン／オーストリア）

写真：Alamy／アフロ

A 環境負荷を減らす技術や

地球に優しい住宅——、それは環境に溶け込むこと。

「地球に優しい」というキャッチフレーズは、
建築の世界にも浸透しつつあります。
ただ、環境といっても世界に目を向けるとさまざまな環境があります。
土地の特性を生かし、溶け込んだ建物が「環境に優しい」といえるのかもしれません。
世界にはどのような「地球に優しい」建築があるのでしょうか？

Q1 壁の植物にはどんな効果があるの？

A ヒートアイランド現象を抑止する効果が期待できます。

壁面に設置された植物は日差しを遮り室内の空調の効果を高め、省エネルギーにつながります。また、植物の蒸散作用（植物の葉などから水分が水蒸気になって出ていく現象）により、壁面の温度の上昇を防ぎ、ヒートアイランド現象の抑制に効果があると期待されています。

Q2 環境に配慮したホテルを教えて！

A スリランカの「ヘリタンス・カンダラマ」や、ヴェトナムの「アストラホテル」などがあります。

スリランカの熱帯建築家であるジェフリー・バワが手がけたホテル「ヘリタンス・カンダラマ」や、ヴェトナムのヴォ・チョン・ギア・アーキテクツによる「アストラホテル」は植物に包まれているような建物です。

スリランカの熱帯雨林に建つ「ヘリタンス・カンダラマ」。世界遺産であるシギリヤ・ロックのパノラマ景色を楽しめる立地にあり、周囲の環境と一体化した佇まいにデザインされています。

3Q ツリーハウスのような集合住宅はある？

A イタリアのトリノの住宅街に建つ「25Green」は、150本もの木々に覆われたアパートです。

63戸の住まいは、木のかたちをした金属フレームと本物の植物が複雑に絡み合って支えられ、ファンタジーなジャングルのようです。地熱エネルギーによる冷暖房システムや雨水のリサイクルによる植物への給水など、デザインだけでなく建物の仕組みそのものがエコロジカルになっています。

緑に覆われたトリノのマンション「25Green」。

4Q セルフビルドで建てられた集合住宅はありますか？

A 高知市の沢田マンションは、「日本のサグラダ・ファミリア」とも呼ばれています。

建築には素人の夫婦の手で1970年代に建設がはじまった鉄筋コンクリート造の建物は、スーパーマーケットや共同浴場なども開設されながら、増築が今世紀まで続きました。70戸あまりが車も通行できるスロープで結ばれ、その目隠しとして各階のテラスは花壇で覆われています。行政や不動産会社によらない夫婦の手づくりマンションは、人間の力による自然なデザインといっても良いのかもしれません。

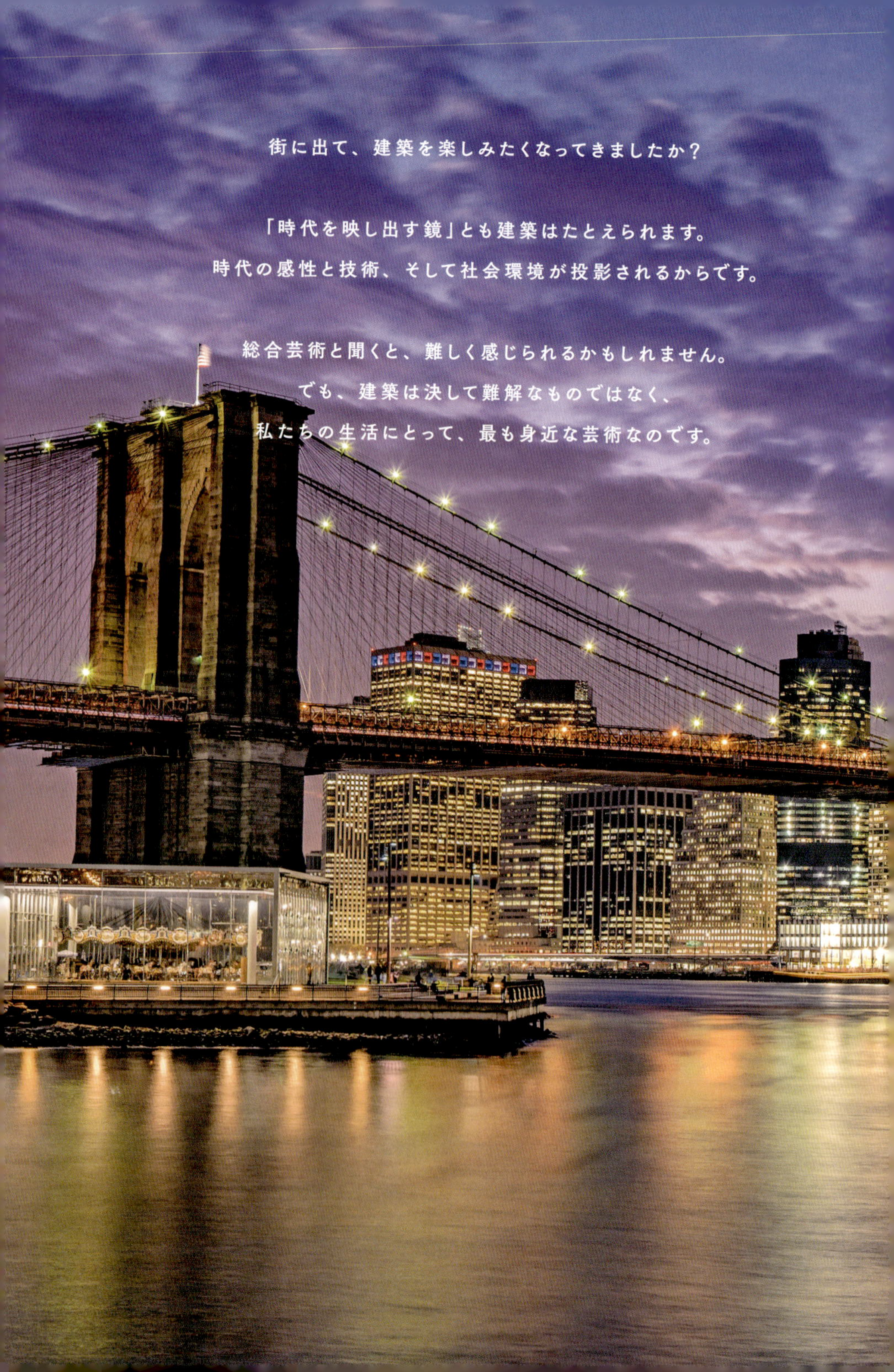

街に出て、建築を楽しみたくなってきましたか？

「時代を映し出す鏡」とも建築はたとえられます。
時代の感性と技術、そして社会環境が投影されるからです。

総合芸術と聞くと、難しく感じられるかもしれません。
でも、建築は決して難解なものではなく、
私たちの生活にとって、最も身近な芸術なのです。

日本の建築は、世界から憧れられています。
エキゾチックな視線でお寺や神社の伝統文化を見るだけでなく、
現代建築のデザインと技術、そして都市の姿を見るために
海外からの旅行者が増え続けています。

そんな素敵な建築が、身近にあることを楽しんでいただきたい。
どこを旅しても、素敵な建築を愛でていただきたい――。
建築の魅力を知れば知るほどに、人生の楽しみが無限に広がるのです。

ブルックリン橋（写真：hit1912/stock.adobe.com）

★田所辰之助(たどころ・しんのすけ)

1962年、東京都生まれ。1986年、日本大学理工学部建築学科卒業。1988年、同大学院博士前期課程修了。1994年、同大学院博士後期課程単位取得退学。1997年、博士(工学)(東京大学)。現在、日本大学理工学部建築学科教授。

★川嶋 勝(かわしま・まさる)

1973年、千葉県生まれ。1996年、日本大学理工学部建築学科卒業。1999年、同大学院博士前期課程修了。1999〜2000年、東京大学生産技術研究所研究生。1999〜2019年、鹿島出版会。2018年、博士(工学)(日本大学)。現在、日本大学短期大学部建築・生活デザイン学科助教。

★主な参考文献(順不同)

- 『図説世界建築史』エンリコ・グイドーニほか、桐敷真次郎ほか訳(本の友社)
- 『カラー版 図説 建築の歴史:西洋・日本・近代』西田雅嗣、矢ヶ崎善太郎(学芸出版社)
- 『死ぬまでに見たい世界の名建築100』マーク・アーヴィング編(エクスナレッジ)
- 『イラスト解剖図鑑 世界の遺跡と名建築』ジョン・ズコウスキー、ロビー・ポリー、山本想太郎日本語版監修、山本想太郎、鈴木圭介、神田由布子訳(東京書籍)
- 『インテリアデザインの歴史』ジョン・パイル、田島恭子ほか訳(柏書房)

・『日本のインテリアデザイン全史』大川三雄、重枝豊ほか（柏書房）
・『マトリクスで読む20世紀の空間デザイン』矢代眞己、田所辰之助、濱嵜良実（彰国社）
・『モダニズム崩壊後の建築』五十嵐太郎（青土社）
・『図解・超高層ビルのしくみ』鹿島編（講談社）

ターニング・トルソ（写真：Bits and Splits/stock.adobe.com）

世界でいちばん素敵な
建築の教室

2019年7月15日　第1刷発行
2025年3月1日　第8刷発行

監修　田所辰之助、川嶋勝
編集・文　ロム・インターナショナル
写真協力　アフロ、PIXTA、Adobe Stock、増田彰久、自由学園明日館、熱海市教育委員会
装丁　公平恵美
本文デザイン　伊藤知広（美創）

発行人　塩見正孝
編集人　神浦高志
販売営業　小川仙丈
中村崇
神浦絢子

印刷・製本　TOPPANクロレ株式会社

発行　株式会社三才ブックス
〒101-0041
東京都千代田区神田須田町2-6-5 OS'85ビル 3F
TEL：03-3255-7995
FAX：03-5298-3520
http://www.sansaibooks.co.jp/
mail　info@sansaibooks.co.jp
facebook　https://www.facebook.com/yozora.kyoshitsu/
Twitter　https://twitter.com/hoshi_kyoshitsu
Instagram　https://www.instagram.com/suteki_na_kyoshitsu/

セールスフォース・トランジットセンター（写真：heyengel/stock.adobe.com）